公安調査庁

情報コミュニティーの新たな地殻変動

手嶋龍一
外交ジャーナリスト・作家

佐藤 優
作家・元外務省主任分析官

692
中公新書ラクレ

まえがき

想像を絶するような事態を覚悟して備えておけ——。

二十一世紀に入って起きた九・一一同時多発テロ、そして東京電力福島第一原子力発電所事故を思い起こしてほしい。冒頭の教訓を忘れて、我々はなぜ忍び寄る災厄への備えを怠ってしまうのだろうか。そしていま、夥《おびただ》しい人命を奪い、人々の暮らしを打ち砕いた未知のウイルスを前に怯《おび》えている。

新型コロナウイルスは、二〇一九年の暮れ、中国の都市、武漢で発生し、瞬く間に猛威を振るい始めた。だが、世界保健機関（WHO）も各国政府も迅速な防疫対応をとれなかった。強権体制下にある中国が、情報を統制して知らせようとしなかったからだ。正確な情報が不足するなか、感染症のプロの多くも、「インフルエンザに較《くら》べて致死率は高くない」「暖かくなれば収まるだろう」と楽観的な見通しに傾かざるを得なかった。そんな専門家たちを嘲笑《あざわら》うかのように、新型コロナウイルスは、ヒトの体内にじっと潜み、相手が弱いと見れば、牙を剝《む》いて挑みかかった。したたかで恐ろしく、じつに賢いウイルスだった。有効な治療薬もワクチンを持ち合わせていない現状では、都市を、そして国境を、いち早く封鎖し、防疫の壁を築くべきだったが、実態を摑《つか》めないまま、対策はことごとくが後手に回ってしまった。

インテリジェンスとは、国家が生き残るための選《え》り抜かれた情報である。国家の舵取《かじと》りを委ねられた政治リーダーは、彫琢し抜かれ、分析し抜かれたインテリジェンスを拠《よ》り所に、国家の針路を決める。だが、コロナ禍に直面して、日本をはじめとする各国の政治指導者はインテリジェンスを手にしていなかった。今回ほど精緻なインテリジェンスを、そしてインテリジェンス機関の必要を痛感させた事態はない。国家の災厄をいち早く摑む情報組織の責務がいかに重いのか、尊い犠牲を払って我々に教えてくれたのである。

強権国家は不都合な真実を隠したがる。それゆえ、報道統制を敷く大国の懐深くに情報のネットワークを張り巡らしておくべきだった——。そんな反省から、世界の情報コミュニティーにはいま、重大なパラダイム・シフトが起きつつある。新たな標的に備えて自己変革を迫られている。九・一一同時多発テロ事件は、敵対する国々の意図と能力を探ることから、姿の見えない国際テロリズムの動きを掴むことに情報機関の主眼を変えてしまった。そしていま、姿の見えないウイルスが引き起こすパンデミック（世界的大流行）を主敵と見据えて、組織、人員、予算の組み換えが進んでいる。

エボラ出血熱がアフリカ大陸に拡《ひろ》がりつつあった二〇一四年夏のことだった。致死率が五五％という恐ろしい感染症について、佐藤優氏と語りあったことがあった。

「この凶悪なウイルスがテロリストの手に渡ったらと考えると鳥肌が立ってしまう。ロシア政府はテロリストがこれらの感染症を武器に使う事態を想定して対策を真剣に講じつつある」

戦後の日本に突如と現れたこの人は、戦後永く安逸をむさぼってきたこの国の在り様を心から心配していた。いまこそ日本も、ウイルスを武器に使うテロルに備えておけとひとり警告していたのである。

この人と私は、育った環境も、仕事も、人脈も、ほとんど重ならない。ただ一つの共通点がある。東西両陣営が死力を尽くして対峙していた冷戦のさなか、モスクワとワシントンにあって、最高指導者が下す決断を中枢で目撃していたことだろう。米ソ両陣営は、国際条約で生物・化学兵器の製造・使用が禁止されても、細菌・ウイルス兵器で襲われる事態に備えて、感染症の専門家を養成し、防護策を研究することをやめなかった。自然界では絶滅した天然痘の病原体を研究施設で培養することをやめなかった。いまなら、誰しも佐藤優氏の指摘に耳を傾けるだろう。だが、数年前には「オオカミ少年」に近い存在だった。先駆者は常に孤絶している。

「公安調査庁」という一般にはほとんど実態が知られていないインテリジェンス機関を取りあげ、本書を編もうと取材に取りかかったのは、コロナ禍が起きる前だった。戦後日本の独立と軌を一にして発足したこの政府組織は、逮捕権も持たず、強制捜査権もなく、外交特権に守られた在外の情報要員も持たない。国からの予算も少なく、人員も限られており、納税者からも存在を認められているとは言い難い。いわば「最小にして最弱」の機関と見なされてきた。

だが、中国の武漢で特異な感染症が起きてみると、幾重もの国家機密の壁を乗り越えて、強権国家の奥深くで何が起きているのか、その実態に迫ることができるインテリジェンス機関は、公安調査庁を措《お》いて他になかったのである。米国防総省国防情報局（DIA）が傘下に抱える米国立医療情報センター（NCMI）はいまや、アメリカ政府の情報コミュニティーの中央山脈に位置して影響力を増しつつある。

公安調査庁は、かつてオウム真理教が起こしたサリン事件を手がけた経験を持ち、生物・化学兵器に対する豊富な情報を蓄積している。世界の感染症とウイルスの専門家から貴重なヒューミント（人的情報収集）を集めて収集・分析し、政治の意思決定に貢献できる潜在力を秘めている。未曽有のパンデミックに見舞われたいま、独自のインテリジェンスこそ、ニッポンが生き残る力となる――その冷厳な事実を本書から汲《く》み取っていただければと願っている。

二〇二〇年五月十一日

外交ジャーナリスト・作家　手嶋龍一

目次

第2章　コロナ禍で「知られざる官庁」が担ったもの

第5章

そのDNAには、特高も陸軍中野学校もGHQも刻まれる

衝撃を与えた「北大生シリア渡航未遂事件」
古書店を舞台にしたリクルート
奏功した公安調査庁のヒューミント
「こころの安全保障」の要として
誕生するや「親族」をたらい回しに
組織の狙いは「右翼勢力の監視」だった
「破壊活動防止法」の監視対象は、当時の共産党
公安調査庁が「国際性」を帯びた理由
「スキマ産業」としての公安調査庁
特高に捕まりたかったゾルゲ
公安調査庁の真のルーツはどこに

公安調査庁

情報コミュニティーの新たな地殻変動

第1章

金正男暗殺事件の伏線を演出した「最弱の情報機関」

「招かれざる客」に困惑した日本政府

手嶋　マレーシアのクアラルンプール国際空港で、北朝鮮の最高指導者、金正恩の兄である金正男が暗殺されるという衝撃的な事件が起きました。二〇一七年二月十三日のことでした。多くの利用客がいる空港ビルで、二人の女性が金正男に襲いかかったのです。その瞬間をとらえた監視カメラの映像をいまも生々しく憶《おぼ》えている人も多いと思います。

佐藤　マレーシアの捜査・情報当局が、容疑者と見なした北朝鮮人男性四人は、事件直後から次々にマレーシアを出国していきました。

手嶋　国際社会を驚かせたこの事件は、この時から遡《さかのぼ》ること一六年、二〇〇一年に序曲が奏でられていたのです。成田空港を舞台にしたこの出来事によって、本書が扱う日本の公安調査庁は、その存在を世界に知られることになった。国際的なインテリジェンス・コミュニティー、つまり主要国の情報機関に「ニッポンに公安調査庁あり」と刮目させるきっかけとなったのでした。

佐藤　まずは、二〇〇一年の「金正男事件」を検証してみましょう。

手嶋　時は二〇〇一年五月一日。日本はちょっとした興奮に包まれていました。この事件のわずか五日前、劇的な勝利を飾って小泉純一郎が新しい内閣を発足させていたからです。その四ヵ月後にはアメリカで九・一一同時多発テロが起き、「テロの世紀」の幕があがるのですが、この時、人々はまだそれを知りません。

佐藤　ということは、手嶋さんは、ＮＨＫのワシントン支局長でしたね？

手嶋　じつにさりげなく佐藤ラスプーチンがそう聞いてくるときは要警戒です（笑）。この「金正男事件」をワシントン近郊の中央情報局（ＣＩＡ）や国務省の情報源にあてて取材していたのですねと――。これから二人で検証する事件の「情報源」を読者に伝えているわけです。まあ、ネタ元のことは措くとして、ワシントンからこの奇怪な事件をフォローしていました。当時の北朝鮮は金正日政権の時代、いまの金正恩の父が最高指導者でした。トランプ・金正恩会談が実現したいまに較べて、はるかに謎に満ちた強権国家だった。

佐藤　これまた成田空港の「金正男事件」と深く関わってくるわけですが、拉致被害者の一部が、日本に帰国する一年前の出来事ですね。

手嶋　そういう時代背景を踏まえて、事件の概要を見ていきましょう。その日の午後四時、成田空港の入国審査場で異変が持ちあがります。アジア系の男が、女性二人と子ども一人を伴って、入国審査官に旅券を差し出した。ところが、男の旅券は「偽造パスポート」だと見破られ、密入国の疑いで身柄を拘束されてしまった。この男こそ、北朝鮮の最高権力者であり、朝鮮労働党中央委員会の金正日総書記の長男、金正男でした。

佐藤　「招かれざる客」を抱え込んでしまった小泉政権は、かなりの激震に見舞われます。

手嶋　この時、佐藤さんは政府のインテリジェンス部門に身を置いていましたね？

佐藤　ええ、政府の「内部」にいました。手嶋さんこそ、わが情報源にどんどん踏み込んでくるんですね。（笑）

手嶋　本邦初公開の話を期待しています。じつは、水際での拘束劇は、公安調査庁というあまり一般には馴染《なじ》みのない組織が主役を果たしています。

佐藤　はい。金正男は、家族と共に気楽に日本に来たように装っていたのです。

手嶋　そう、一行は、シンガポール発の日航機から降り立った。本人は茶色のベストに黒のポロシャツ姿、女性たちはルイ・ヴィトンのバッグにポーチ、キャリーバッグという出で立ちです。どこから見てもアジア系の金持ちの観光客に見えました。

金正男らの一行は、不法入国などの疑いで、直ちに空港ビル内にある口頭審理室に連行されました。ここで特別審理官から通訳を介して事情聴取を受けています。そして、ほどなく、彼が所持していた旅券は、ドミニカ国籍の「パン・シオン（PANG XIONG）」となっているが、偽造であることが判明します。入国警備官に引き渡された四人には、入管法に基づく「収容令書」が出され、翌日、法務省東日本入国管理センターに収容されます。

佐藤　『毎日新聞』が、事件から二三日後の朝刊で、詳細な検証記事を載せています。かなり深い情報源にもあたった優れた調査報道です。

手嶋　事件の経緯はこの検証記事を拠り所にお話しします。偽造パスポートを携えた金正男が拘束されたのが五月一日の午後四時。第一報が当時の森山眞弓法務大臣に伝えられたのは、当日の午後七時三十分頃でした。小泉総理は、赤坂プリンスホテルで官邸の秘書官らと夕食中でしたが、その席に第一報がもたらされました。午後九時頃だったといいます。警察庁出身の小野次郎秘書官の携帯が鳴り、直ちに総理に伝えられました。

佐藤　史上最高の支持率で船出した小泉内閣にとっては、まさしく「招かれざる客」。冷や水を浴びせかけられた思いだったはずです。

眞紀子大臣、大暴れ⁉

手嶋　法務省から外務省と警察庁に伝えられたのは、午後九時五十分頃。福田康夫官房長官に報告されたのは翌二日未明。田中眞紀子外務大臣に知らされたのは、二日の午前十時過ぎでした。これはかなり遅かった。

佐藤　田中眞紀子外務大臣の耳に入ったあたりから、騒ぎが大きくなっていきます。

手嶋　さて、われらが佐藤ラスプーチンは、この時、どうしていたのですか？

佐藤　外務省の国際情報局分析第一課にいました。ただ、私の受けた第一報は、日本外務省のルートからじゃない。

手嶋　さすがというか、やはりというべきか、その筋ですね？

佐藤　もう、申し上げていいでしょう。ロシアの対外情報庁（ＳＶＲ）の東京ステーション長からの問い合わせでした。「いま、金正男が日本で拘束されたという情報が入ってきたが、詳しい話を取れないか？」という電話が入ったのです。それから五分後、今度はイスラエルの諜報機関モサドの東京ステーション長からも同じ照会がありました。これほどの人たちが、急いで正確な状況を知りたがっている。いかに「大事件」だったかがお分かりでしょう。

手嶋　じつは日本政府のなかで飛びぬけて早く金正男の密入国の情報を知っていたのは公安調査庁でした。世界のインテリジェンス・コミュニティーを驚かせた事件のフロント・ランナーです。当初から「奇跡の水際作戦」に深く関与していた。

佐藤　私のところに問い合わせが入ったのは確か二日……いや、三日の夕方になってからだったと記憶しています。ＳＶＲのステーション長は「金正男の拘束が報道されている」と言っていましたから、ブレーキング・ニュースに接して、すぐに連絡してきたのだと思います。

手嶋　日本の民放テレビが「金正男氏とみられる男性ら四人の身柄拘束」と初めて報じたのは三日の午後五時過ぎでした。それまでは、外務省内でも関係部署にすら情報は伏せられていたんですよ。

佐藤　海外の情報機関からも電話があり、詳細を確かめようと、北東アジア課に問い合わせてみたのですが、非常に口が堅い。ちょうど当時の分析一課長が前の北東アジア課の首席事務官だったので、彼を通じて真相を聞き出してもらった。すると「確かに拘束した」という返答でした。現場が一様に口を閉ざしたのは、メディアへの漏洩を警戒するというより、田中眞紀子大臣が「大暴れ」していたからでした。要するに、「省内政治」のゆえに、えらく大変な状態になっていたんですよ。

手嶋　田中外務大臣は、第一報を伝えにきた川島裕外務事務次官の説明を遮って、「次官、こんなことになってあなたはよく平気でいられるわね。どこの国でもいいから、とにかくマスコミに知られないうちに早く出しちゃいなさい」と、興奮気味にまくしたてたというのです。

佐藤　ああ、「田中大臣案件」になっているらしい。それが分かったので、私はこの問題に深入りするのはやめておこうと判断したのです。変な睨《にら》まれ方をしたら、後々面倒くさいですから。まあ、結局、別の件で「面倒くさい」ことになって東京地方検察庁特別捜査部に逮捕されてしまいましたが。（笑）

手嶋　眞紀子外相は、要するに出入国管理法に基づく手続きなどに関係なく、メディアに嗅ぎつけられる前にすぐ国外に退去させろ——つまり、日本には来なかったことにしろと主張したわけですね。川島次官が「不法入国者は入管法の管理下にあって、外交判断だけでは無理だ」と説得しても、「すぐに追い出しなさい」の一点張りだったといいます。「大臣はパニック状態だ」という噂《うわさ》が外務省内に流れたと記事にもあります。

佐藤　いや、噂話ではなく、真実でした。

手嶋　当時、外務省の対北シフトには、田中均経済局長、槙田邦彦アジア太洋州局長、平松賢司北東アジア課長という〝三羽ガラス〟がいましたね。彼らは田中眞紀子大臣を抑えるとか、説得するとか、まったくできませんでした。

佐藤　〝カラス〟というより、〝ヘビに睨まれたカエル〟です。彼女の前ではほとんど機能していなかったと思います。分かりやすく言えば、外務省の官僚組織は「思考停止」だった。そんな時に不幸にも事件が起こってしまった。小泉さんの政権も、まだ権力基盤を十分に確立しきれていなかった。内閣支持率が高いと言っても、あれは「主」の小泉人気というより、眞紀子人気だったんですよ。

手嶋　そう、メディアも連日、眞紀子大臣にスポットライトをあてて煽《あお》りましから。

佐藤　実態は「田中・小泉内閣」だったと思います。

手嶋　小泉さんがこうした二重権力状態を脱して本格政権を築いていくのは、〇二年一月に田中眞紀子大臣を切ってからのことです。一時、支持率は急落しましたが、次第に盛り返していった。

佐藤　ただ、内閣の発足当時は、眞紀子さんの閣内での影響力は絶大でしたから、外務官僚が楯突《たてつ》くことはできなかった。法に則《のっと》って事態を処理する「法治国家」でいくか、それとも超法規的措置をもって隠密裏に片を付ける「人治主義」でいくか。政治のパワーバランスのなかで、金正男事件の「防衛線」が設定されていったのです。

手嶋　外国人を拘束した以上、法に基づいて進めるのが前提であるべきで、ずいぶんおかしなところにラインが引かれてしまったわけですね。

佐藤　異常な状況下では、外務省内で辛うじて政治的な判断をできるのは川島次官だけでした。その次官が、眞紀子大臣に第一報を入れた結果、「早く追い出せ」と叱責された。その足で、恐らくよろよろと総理官邸に行き、福田康夫官房長官に状況を報告した。そこではやはり法的手続きに沿って進めることで何とか「合意」を取り付けた。辛うじて超法規的措置を回避したんですね。ただ、次官は、これ以後、大臣室に「出禁」になってしまいます。

手嶋　そうした外務省の大混乱は、やがて「佐藤ラスプーチン事件」が起きる伏線になったのですが、勘の鋭い佐藤さんは、この段階で何か感じるものがあったのでしょうか。

佐藤　そう、官僚機構の陰湿な暗闘はすでに始まっていましたからね。

手嶋　そんな役所の争いで、ニッポンは稀代のインテリジェンス・オフィサーをみすみす失ったのですから、残念ですね。

金正男を捕まえたのなら、拉致事件を解決するカードにすべき

佐藤　私はあの事件の第一報を海外の情報機関の人間から受け取ったのですが、その時彼らと「せっかく網にかかったのなら、拘束しておいて、拉致問題のカードに使えばいい」と話したことを覚えています。

手嶋　すったもんだの挙げ句、「法治国家」で行くことは決まったものの、さて、次の段階で揉《も》めたのは、「合法的にしかし速やかに国外退去させるか」、それとも「逮捕して本格的な取り調べを行って刑事罰に処するのか」という点でした。

佐藤　ようやく「防衛線」が、常識の範囲に戻ってきた。（笑）

手嶋　政府部内の構図としては、「速やかに国外退去」を求める派は、法務、外務の両省、これに対して「逮捕すべし」を主張する派は、警察庁でした。各省庁の総合調整にあたる古川貞二郎官房副長官が、これら三省庁の代表を招集し、これに内閣危機管理監、内閣情報官も加わって、拘束の翌二日、午後二時から会議が開かれ、文字通り侃々諤々

の議論となりました。

じつは、偽造パスポートによる不法入国が発覚した場合も、入管当局が警察に告発して逮捕に至るケースはごく稀《まれ》なのです。大半は、本人の身元が不明でも、国外への退去処分となるのが通例です。ですから、法務省は今回もそうするのが妥当と主張しました。それに対して、警察は、過去にも不法入国の形跡があることを挙げて、すんなり帰すことに猛反対しました。

佐藤　金正男は「普通の人間」ではありませんよ。警備・公安警察が徹底的に調べたいと考えるのは当然です。

手嶋　結局、その場では結論に至らず、いったんは各省に「持ち帰り」となります。再開されたのは、同じ日の午後八時。昼の会議は内閣府の庁舎で行われましたが、霞が関周辺で集まると目立つと、第二ラウンドは帝国ホテルで開かれました。三〇分後には福田官房長官も合流し、結果的に「四人を早期に国外退去処分にする」という最終方針が固まりました。

退去先は希望を容《い》れて中国とし、川島次官が直ちに中国の陳健駐日大使に協力を要請します。こうした末に、金正男一行は成田空港から北京に向かって飛び立っていきました。拘束から三日後の四日午前十時四十五分のことでした。

佐藤 今度は全日空のジャンボ機で、一般客はすべて一階に移し、二階のビジネスクラスに四人を「隔離」したのです。まあ豪遊といっていい。費用をどちらが持ったかは川島元次官に聞いてください。付き添いは外務省の参事官でしたが。（笑）

手嶋 ところで、さきほど佐藤さんは「金正男の身柄を拉致問題のカードに使うべし」と重大なことを言いました。横田めぐみさんら拉致被害者を取り戻すまたとないチャンスでしたね。

佐藤 ええ、「そうすべきだった」というのが私の意見です。冷戦期の古典的な方法ではありますが、東西両陣営の「人質交換」と同じですよ。あなたの国の重要人物を確保しています。お返ししますから、あなた方も私たちの大事な人たちを返してくださいと。

手嶋 当時の金正男なら「外交カード」としての十分な価値がありました。

佐藤 そう、北の体制では、金正日後継は、明確になっていませんでしたから。彼は腐っても長男。なんとしても取り戻さなければ、と考えたはずです。

手嶋　でも、当時の外務省は、眞紀子大臣の「暴走」を抑え込むので精一杯。日本の政府部内でも、金正男を逮捕すれば、北朝鮮と不測の事態が起こりかねない、と心配する声があった。当時は北朝鮮側のウィークポイントを適切に読み切れなかったのでしょう。すべての決断にはリスクを伴います。戦後のニッポンという国の在りようを見せつけられる思いがします。

佐藤　冷徹に考えれば、やはり千載一遇のチャンスだった。金正男氏は、こちらから捕まえにいって、無理に拘束したわけじゃない。勝手に懐に飛び込んできたのです。法を犯して入国しようとした〝オウンゴール〟だったのですから。

手嶋　人質の交換としては理想的な条件でした。

佐藤　日本政府には、金正男氏の拘束に関して一切非難されるいわれはなく、国内法に照らして厳正に対処しようと考えている。ただ、一切の取引には応じないという姿勢ではない――。そうメッセージを送って、第三国に交渉の場を設定することができたはずです。もしかすると、小泉首相は、「金正男カード」というこの上ない切り札を手に、あの訪朝に向かうことができたのかもしれなかった。

超一級の情報は、どこからもたらされたのか

手嶋　金正男の「東京の四日間」。当時の日本外交とインテリジェンスを語るうえで極めて興味深いものでした。さて、本題はここからです。金正男氏は、明敏な入国管理官にいきなりパスポートの偽造を見破られ、拘束されたわけではありません。日本の当局は、その男がシンガポールから日航機で成田に到着することを事前に知らされていたのです。この極秘情報は、警備・公安警察でも、外務省でもなく、公安調査庁が握っていた。

佐藤　そのいきさつは、手嶋さんのインテリジェンス小説『ウルトラ・ダラー』（新潮文庫）に詳しく出てきます。金正男が成田に降り立つ数時間前、霞が関の法務省合同庁舎七階にある公安調査庁調査第二部第一課に一本の電話がかかってきた。シンガポールのチャンギ国際空港から、現地時間の午前八時発日本航空七一二便で、『疑惑の人物』が成田に向かって出発した。パン・シオン名義のパスポートを携えたその人物は、わが

方の調査によれば、北朝鮮の金正日総書記の長男、金正男氏と見られると。

手嶋　眼をかっと見開いた佐藤優さんに言われると尋問されているような気持ちになります（笑）。これはインテリジェンスという形容詞はついていても「小説」です。

佐藤　でも、初版の帯には「これを小説だと言っているのは著者だけだ！」と謳《うた》われていましたよ。（笑）

手嶋　それは版元の編集者が著者に断りもなく勝手に書いたんです。

佐藤　肝の部分は極めて正確です。金正男に関する情報が、入管当局に伝わったからこそ、不法入国を水際で阻むことができた。公安調査庁が極秘情報を摑んでいなければ、まんまと入国を果たしていたはずです。

手嶋　確かに、金正男は、九〇年代から何度も日本に密入国していました。さて、そんな超一級の情報が、どこからもたらされたのか。この点について、『毎日新聞』の検証記事の取材を受けた「法務省幹部」も「はっきりさせることはできない。二度と情報が入らなくなる」と明確にしていません。情報源は命にも関わる最高の秘匿事項ですから、当然なのですが。

佐藤　その記事では「英国のＭＩ６（情報局秘密情報部）、米国のＣＩＡ（中央情報局）、韓国のＮＩＳ（国家情報院）など、各国のさまざまな情報機関が北朝鮮要人に関する情報を収集している」と一般論が述べられているにすぎません。

手嶋　金正男はＣＩＡと接触を図っていたと言われています。そうだとすれば、ＣＩＡがわざわざ日本側に内報などするわけはない。自分たちの手の内で泳がせておけばいいのですから。韓国のＮＩＳが事実を摑んだとしても、これだけの玉を日本側に委ねることは考えにくい。

佐藤　そう、米韓共にメリットがありません。

手嶋　当初は、金正男が飛び立ったシンガポールの情報機関ではないか、とまことしやかに囁《ささや》かれました。確かに、シンガポールの情報機関は、小粒でもピリリと辛いと高い評価を受けていましたから。

佐藤　彼らのインテリジェンス能力はとても高い。この業界では、とりわけマネーロンダリングとか麻薬に関する情報活動が得意だと言われています。

手嶋　かつ、シンガポールは、マレーシアと並んで北朝鮮に非常に「強い」ことでも知られています。

佐藤　マレーシアについて言えば、後に金正男殺害事件が起きたことでも分かるように、北朝鮮のダミー会社、フロント企業がたくさんあり、北朝鮮情報に極めて強い。

手嶋　なるほど、小ぶりでも有能なシンガポールの情報機関は、金正男の動向を精緻に把握していたに違いないと。

佐藤　情報機関というのは、基本的に自前で取ってきた情報しか、横には流しませんから。他国から入手した極秘情報を第三国に提供する場合は、情報をくれた国の了解が要る。この「サードパーティー・ルール」はかなり厳格ですからね。

手嶋　つまり、シンガポールの情報機関が入手して、日本に提供した可能性はかなり低いということですね。

佐藤　そう、金正男の動向を探るとすれば、「核とミサイル」、その入手絡みになるはずです。ところが、シンガポールにとっては、北の核・ミサイルは、大きな脅威になりえません。北朝鮮の核・ミサイル開発の意図と能力を考えた場合、北の意図がシンガポールに向いているわけじゃない。シンガポールにとって、北の核・ミサイルは情報としてそれほど大きな価値があるわけじゃない。情報機関だって人数も予算も限られています。ですから、集中と選択の原則に照らして、余計なことはやらない。まして、小ぶりなシンガポールの情報機関が、金正男を徹底して追いかけるとはちょっと考えにくい。

手嶋　これでシンガポール説は、ほぼ除外しても良さそうですね。さまざまな人種、民族、宗教が混在しているシンガポールですが、やはり中心は中国系の人たちです。必然的に、北京の強い影響力を受けざるを得ないとみていい。ですから、やはり北京に配慮せざるを得ない。シンガポール外務省の高官に古い友人がいるのですが、あんな極秘情報を日本に伝えるというのはちょっと無理というニュアンスでした。

佐藤　その話も、非常に説得力がありますね。推測するに「シンガポールからの情報だ」という話が、いつの間にか「シンガポールの情報機関からもたらされた」と信じられるようになったんだと思います。

手嶋　なるほど、分かりやすい説明です。

佐藤　「シンガポールから」というのは事実だと思います。それは「警察署から来た」と「警察のほうから来た」という話でいえば、後者ですね。（笑）

MI6という可能性

手嶋　あれほどの極秘情報を日本の公安調査庁にもたらしたのは、果たしてどの国の情報機関か。アメリカのCIAでも韓国のNISでもない。後ろ盾の北京がそんなことをするはずがない。シンガポールの情報機関の可能性も低いとなればいったい誰なのか。

佐藤　シンガポールに拠点を置いて活動をしている国外の情報機関となれば、消去法でいえば、MI6、英国秘密情報部とイスラエルのモサドしか残りません。この業界の常識からすると、思い浮かぶのは、この二つの国しかありません。

手嶋　ところが、モサドのステーション長から佐藤さんにこの件で確認の問い合わせがあった。ということは、イスラエルも除外していいですね。

佐藤　そう、除いていいでしょう。

手嶋　イスラエルの情報機関の可能性も消えたとなれば、MI6だと考えるのが最も合理的です。消去法でいえばそうなります。

佐藤　手嶋さんは淡々とそう結論づけましたが、インテリジェンス小説『ウルトラ・ダラー』には、直接の情報提供者に触れたくだりが書かれていますよ（笑）。「英国秘密情報部の香港駐在」と。

手嶋　情報源に関わるところに弾が飛んできました。困りましたねえ。ちなみに、イギリスを代表する作家、ジョン・ル・カレが、冷戦のさなか、一九七七年に著した作品が『スクールボーイ閣下』（『The Honourable Schoolboy』）。究極のスパイストーリーと言われる傑作です。その一節に、戦後の英国が力衰えて、MI6・秘密情報部が極東からのダンケルク撤退作戦を余儀なくされ、香港からも、シンガポールからも、引いていく状況が描かれています。しかし、まさにそのとき、厳しく対立していた中国とソ連の水面下で尋常ならざる動きが――という、印象的な記述がありました。

佐藤　東側陣営の両巨頭が核戦争の刃《やいば》をちらつかせながら対峙していたのですから、西側の情報機関は、まさに、必要とされたタイミング。にもかかわらず、撤収とは――ル・カレの憤りが直に伝わってきます。

手嶋　大英帝国の東アジアの拠点は、いうまでもなく香港とシンガポールの二つです。

成田空港で金正男が拘束された二〇〇一年当時も、全盛期に較べて陣容こそ小さくなっていましたが、二つの都市にはむろん情報要員は配されていました。中国語を巧みに操るＭＩ６の精鋭は、ちゃんといたわけですよ。

そして、北朝鮮の要人である金正男が、香港やマカオ、シンガポールにしばしば出没し、武器の密輸や資金洗浄に関わっていたことをちゃんと捕捉していたのです。そして、これらの都市から日本にも密出国していた事実を押さえていました。公安調査庁の情報ネットワークは、そんな彼らと交錯していたというのが私の見立てです。

佐藤　そういうことなのでしょう。ある日、突然に重大情報を直に公安調査庁・本庁のリエゾン・オフィスに伝えてくる、そんなことはあり得ませんよ。

手嶋　インテリジェンス活動には、じつにさまざまなかたちがあります。各国の諜報機関による機密情報の交換を「コリント」と言います。英語で表記すると「ＣＯＬＬＩＮＴ」で、Collective Intelligence の略です。言うまでもありませんが、こうした濃密で揺るぎない信頼関係を築きあげるには、ギブ・アンド・テイクでなければいけません。

佐藤　情報機関としての能力が相手から評価されていなければ、コリントは成り立たないわけです。その点で、日本の公安調査庁は、十分「合格点」を与えられていたことになるでしょう。

手嶋　日本政府には、警備・公安警察、内閣情報調査室、防衛省の情報部門といくつもの情報機関が併存しています。そうした「インテリジェンス・コミュニティー」にあって、公安調査庁は、人員、予算、政治力などすべての面からして、文句なく「最弱にして最小の情報機関」と言っていいでしょう。少なくとも国内では――。ところが、MI6やモサドなどは、ちょっと異なるカウンターパートとして公安調査庁を捉えていると思います。別な表現で言うと、情報交換に値する対象なのです。このような背景があって初めてあの〝金星〟があげられたのだと思います。

佐藤　「インテリジェンス・オフィサーは語らず」と言います。自分の功績など口にしない。だから本当の事実は、ほとんど知られていないんですよ。

「ディズニーランド」が目的だったのか

手嶋　ここで再び「金正男事件」に話を戻しましょう。この「コリント」をさらに深掘りすると、情報源がＭＩ６だったとすれば、彼らはなぜ公安調査庁にあの重要情報を教えたのか。彼らの意図はいったいどこにあったのか。これは随分と興味深い話ですね。さて、佐藤さんはどう読み解きますか？

佐藤　ＭＩ６が、とりわけ警備・公安警察には伝えず、公安調査庁に教えた。これは「この情報をうまく表に出せ」ということだったと思います。あなたの国は、北の要人が密入国するのをいとも簡単に許しているんですよと伝えたかったのでしょう。

秘密裏に処理するのなら、強制捜査、逮捕権をはじめとするあらゆる権限を持つ警備・公安警察に教えますから。のちほど詳述しますが、公安調査庁は、国家の安全を脅かす団体や人物についての情報を集める機関で、法務省の下に置かれています。警備・公安警察とは違い、強制捜査、逮捕権などを持たず、収集した情報は合同情報会議などを通して内閣に上げるまでが仕事です。警備・公安警察との棲《す》み分けをしています。まったく同じ権限を持つインテリジェンス機関が複数あると、潰《つぶ》し合いをしてしまい、国家総体としてみた場合、インテリジェンス能力が弱体化するからです。自分たちで何かを処理することがありません。
極秘の情報を提供した側は、情報は生き物であるとよく分かっていますから、いくつかの要路に流れていくうち、必ず漏れることは分かっていたはずです。一定の時間がたつと表に出てくる。それを含んで流すわけです。

手嶋 情報大国としてのイギリスは、一筋縄ではいかない手練《てだ》れの人たちです。金正男が日本に密入国して、どんな行動をとるのか。誰と接触するのか。誰からカネを受け取り、誰にカネを渡すのか。日本国内に潜ませているエージェントは誰か。その手口を日本の情報当局をして調べさせようとした。ところが、日本政府が選んだ対応策は、なんと、北京にそのまま送り返すことだったのです。

佐藤 その通りで、通常なら泳がせます。私がその場を指揮していたのなら、絶対にそうしたでしょう。それが情報の世界の「セオリー（定石）」です。

手嶋 『毎日新聞』の検証記事には、金正男拘束翌日の未明に一報を受けた福田官房長官は、「『なぜ拘束せずに、泳がせなかったのか』と入管当局の判断に疑問を投げかけた」とあります。

佐藤　当然ですよ。ふつうなら泳がせて、何のために来たのか、誰と接触したのかなどを確認します。拘束するのなら、出国の時に「こちらにおいでください」と別室に通せばいい。それをやれば、正男氏の来日目的や、「金ファミリー」内でのスタンスといった重要情報を得たうえに、拉致問題の交渉カードになる。「二度おいしい」使い方ができたはずです。

手嶋　なぜ、「入り口」で拘束をしてしまったのか、残念でなりません。福田さんならずとも「どうして?」と言いたくなります。

佐藤　国内で金正男氏と何者かの接触が起きる前に潰そうとしたとか、いろいろな深読みはできるのですが、不可思議としか言いようがありません。もしかすると、政権の発足直後に波風を立てないほうがいいと捜査・情報当局の側に一種の「忖度」が働いたのかもしれません。ただ、最大のファクターは、眞紀子大臣が「暴れた」ことでしょう。

手嶋　ところで、一行は、ディズニーランドに行ったり、大阪で引田天功マジックショーを見に行ったりするのが旅の目的だったと説明しています。

佐藤　『毎日新聞』の検証記事によれば、大阪の在日朝鮮人コミュニティーでは、何日も前から彼がショーを見に来るという話が飛び交っていたといいます。だから、本当に行くつもりだったのでしょう。

手嶋　引田天功さんは北朝鮮と特別な絆《きずな》で結ばれていましたからね。

佐藤　特に金正日と親密な仲でした。

手嶋　ですから、うまく泳がされていれば、きっと見に行ったのでしょう。しかし、それはあくまで偽装工作。別に重要なミッションがあったに違いありません。

佐藤　女性と子どもを連れてディズニーランドに行く。これはどう考えても「カバーストーリー」としか思えません。

日本はＣＩＡの安全地帯という意義

手嶋　それでは、いったい何を「カバー」しようとしたのでしょうか？　当時一つの有力説として語られたのが、大量破壊兵器、核ミサイルの代金を受け取る役を担っていたというものでした。

たとえば二〇〇九年六月九日付の韓国紙『中央日報』（オンライン版）は、この事件について、次のように解説しています。

「当時、成田空港で金正男一行を逮捕し、六六時間にわたって調査した公安調査庁は、金正男の入国目的が北朝鮮のミサイル輸出代金を受け取るためであったとの結論を出した。北朝鮮は、ＳＡＭ16Ａ三〇〇基をイラクに輸出した。金正男はこのミサイル輸出代金を回収するため来日したのだ」

ただ、ミサイルの対価ともなれば、たとえその一部をドルで受け取ったとしても、相当大きな「入れ物」が必要になります。それを金正男自らが持ち帰るというのは、ちょっと無理がありますね。

佐藤　その話は、にわかには信じられません。北朝鮮だって自分たちへの監視体制が日本でも敷かれていることは分かっています。そんな場所で大金のやり取りをするリスクなど冒すでしょうか。
ちなみに、そうした金の受け渡しには、私の現役の頃には北朝鮮に第二経済委員会というのがあって、そこにいるプロがさまざまなロンダリングの手法で処理していました。

あえて日本に金正男氏のような大物を送り込んで持ってこさせるなど無理筋です。

手嶋　当時も日本国内には北朝鮮系の会社、さまざまなリエゾンがありましたから。部下に指示を出せばいい。危険を冒して日本に密入国する理由としては弱いと思います。

佐藤　国家レベルの使命を帯びて来日したと考えるのは無理があります。金正男は、当時、異母兄弟である金正恩、金正哲と確執を抱えていました。そうした状況のなかで、ミサイル代金を受け取るなど考えにくい。金絡みの話だとしても、より個人的なものだった可能性が高いと思います。

手嶋　佐藤さんは、この時すでに、金正男と金正恩の関係が、かなり緊張を孕《はら》んでいたと指摘しました。だとすると、金正男は、金正恩サイドの動向を掴む有力な情報源になり得るわけで、CIAなど他国の情報機関が彼に手を出す余地が出てきますね。

佐藤　はい、この時、CIAと金正男の関係はすでにかなり取り沙汰されていました。

手嶋　金正男は、その頃からCIAの影響下に置かれており、それがクアラルンプールの悲劇に連なっていったのでしょうか？

佐藤　その可能性は、十分にあると思います。なぜ他国ではなく、アメリカの情報機関かというと、その場合は、仮に日本国内で接触の事実を押さえられても、日本側が摘発することは絶対にないからです。

手嶋　ＣＩＡと接触するのならば、同盟関係の日本は「安全地帯」だ。金正男側は、それが分かっていて、わざわざ日本にやってきたということでしょうか。

佐藤　そう考えると、非常に合理性がある話になるのです。あえて言えば、イギリスはそこまで掴んでいて、その接触を潰すために日本に情報提供したというのも、あり得ないシナリオではありません。あくまでも深読みすれば、ですが。ＭＩ６とＣＩＡの利害が常に一致するとは限りません。

手嶋　ＭＩ６としては、あれほどの情報を提供したのですから、その程度の「見返り」は当然期待していたのでしょう。

佐藤　そうだとすると、日本は見事にその期待に応えたことになります。

事件は公安調査庁の分岐点だった

手嶋　ただし、インテリジェンス活動の観点から、金正男氏を「国家の玄関先」で拘束したのが、日本の国益に本当にかなうことだったのか、これは別問題ですね。千載一遇の機会を、泳がして行動を探り、さらなる情報を入手するために使うか、外交交渉のカードに使うか、もう少し「えげつなさ」を発揮すべきだったと思います。せっかく超一級の情報を手にしながら、日本外交という視点からは、「金正男事案」への対応は、到底合格点は与えられないと言わざるを得ません。

佐藤　大学入試の模擬試験にたとえれば、この対応は「D判定」。「ほぼ合格可能性なし」のレベルです。ただし、全教科が不合格の水準だったのかというと、そうではない。なかに突出して出来のよかった「科目」がある。それが、この一件に関しては、公安調査庁の情報能力だったわけです。

手嶋　日本のインテリジェンス・コミュニティーは、内閣情報調査室、公安調査庁、外務省の国際情報統括官組織、警察の警備・公安部門、そして防衛省の情報部門を中核として構成されています。その外縁部に法務省の入管当局、財務省の税関当局、金融庁、海上保安庁、経産省があり、それなりのカラフルな構成になっています。この事件でも、それらのプレーヤーが、さまざまに関わりましたが、ひとり公安調査庁だけが負託に応えてみせたということですね。

佐藤　そうです。公安調査庁の持ち分は、入試では「世界史」という九〇点以上の高得点をマークした。外務省は得意なはずの「英語」で三〇点、数学が得点である入管が「三〇点」、「物理」で期待された警備・公安警察は何とか六五点と平均点を取っていた。その結果、合算の合否判定の結果は、残念ながら「D」になってしまった。ですから、「世界史」だけなら文句なし、偏差値は八〇くらいを記録しています。

手嶋　佐藤さんが所属していた外務省は、混乱を極めて為《な》す術《すべ》を知らず、法務省の入管当局は、金正男を「玄関」で拘束してしまうという痛恨のミスを犯した。警備・公安は、金正男の逮捕、取り調べを主張したのですが、そもそも一報の入手が遅かった。これでは主導権を握れるはずがありませんよ。

佐藤　もちろん、情報を入手したほうは、「わざと」そうしたわけです。公安調査庁は、超一級のインテリジェンスを警察庁や外務省に易々《やすやす》とは伝えない。入管も、警察と対立することが分かっていたため、すぐには教えようとしなかった。

手嶋　警備・公安の屈辱──予算も人員も他の機関とは隔絶して組織の実力を誇るこの集団の口惜しさは推して知るべしでしょう。

佐藤　警備・公安警察は、「俺たちも金正男の来日情報は摑んでいたが、泳がせようと思っていたのだ。だが、公安調査庁が入管に余計な告げ口をしたので、大魚を取り逃がした」と言っていました、しかし、これは、全部が「後付け」です。手嶋さんの専門領域ですが、競馬予想の後講釈の類いです。公安調査庁の「九〇点」は、営々として培ってきたインテリジェンス人脈が、花開いたというところが重要です。

手嶋　日頃のコリント、つまり諜報協力の成果として、国の安全保障に関わる重要情報を入手したのですから。

佐藤　そのうえで「ファイルのための情報」として仕舞い込まずに、その情報を存分に使って、しかるべきところに通報した。この時点で、公安調査庁の仕事は「終わり」なのです。その先に踏み込む権限は、あの人たちに与えられていません。

手嶋　公安調査庁には金正男を逮捕する権限がありません。直接、身柄を拘束することができない。まあ、CIAだって、MI6だって、逮捕権はないのですが。

佐藤　この情報をどう使うか。これは、政治指導者の責務であり、情報収集の先のことまで考えていたら、公安調査庁はインテリジェンス機関として使命を果たせません。

手嶋　「インテリジェンス機関は政治の意思決定に関与せず」――これは、日本に限らず、どの国でも、一応の原則になっています。

佐藤　そうですね、公安調査庁が、同じ法務省に属する入管に情報を伝えた。ここまでは、上々のスタートだった。このあと、日本政府の意思決定がきちんと機能していれば、つまり、「世界史」だけでなく、「英語」「数学」でも、ちゃんと点数を稼げていれば、「A」判定、少なくとも「B」判定は、もらえていたはずだった。

手嶋　政治の意思決定の問題は、別に論じましたが、二〇〇一年当時の日本のインテリジェンス・コミュニティー全体の実力は、「B」判定には遠く及ばなかった。そうしたなかで、公安調査庁の「コリント」、つまり国際的な諜報協力は、なかなかのものでした。まさしく「醜いアヒル」が「白鳥」になるように、おおきく飛躍したのです。あるメディアは、「リストラ官庁のトップに挙げられてきた同庁にとって、大金星」という「政府筋」のコメントを紹介していましたが、内実はその通りだったと思います。あの「二〇〇一年事件」こそ、公安調査庁が本格的なインテリジェンス機関に変貌を遂げる分岐点だったと言っていいでしょう。それは、「二〇〇一年事件」が、思わぬ続編に繋《つな》がっていたことからも明らかです。そう、「二〇一七年事件」、この年の二月十三日に起きた「クアラルンプールの悲劇」がそれです。

佐藤　あの殺し方は極めて特異でしたね。普通に人が往来している空港のロビーで、しかも白昼堂々決行した。「劇場型」といっていい殺し方には、それ自体に特別の意味が込められていることが多い。その典型だったんですよ。

手嶋　普通に殺したのではいけない理由があった？

佐藤　そう、金正男はやはりＣＩＡと接触し、金を受け取っていた。

手嶋　「ＣＩＡの情報提供者だった」という報道もありましたね。

佐藤　われわれを裏切った人間は、たとえ「白頭（ペクト）の血筋」であっても、こういう運命をたどる――。金正恩は、クアラルンプールの空港で、そんな強烈なメッセージを発した、と見るべきでしょう。

手嶋　金正恩は、二〇一三年に、叔父の張成沢を処刑しています。張成沢は中国と結託して、金正男を金正日の後継者に据えようとした、とも言われています。

佐藤　そのように、おなじ血族であっても、ある一線を越えた者は決して容赦しない。そういう北の最高指導部の強い意志が示された。それが「クアラルンプールの悲劇」の本質だったと思うのです。

しかし、金正男が転落して放浪の生活を強いられるきっかけこそ、日本からの強制送還でした。あの出来事がなければ、いまも「ロイヤルファミリー」の一員として、安穏たる生活をしていたかもしれない。あの一件は、彼の命に直結してしまったわけです。最終的には、一行は五月四日の午前に中国・北京に向けて強制送還されます。

第2章
コロナ禍で「知られざる官庁」が担ったもの

コロナ危機のさなか、日本のインテリジェンスを点検すれば……

手嶋　「金正男事件」で世界のインテリジェンス・コミュニティーでは、その存在感を高めていた公安調査庁ですが、日本国内では一般の人たちでその実態を等身大で知っている人は皆無といっていいでしょう。じつは一般の国民に限りません。先日、財務省の最高幹部と話していて、話題がたまたま公安調査庁に及んだのですが、「あの役所が何をしているのか、じつはよく知らないんですよ」と言っていました。総額にして一五〇億円規模、人員で一六六〇人規模の予算をつけている査定当局の責任者がこれでは困るのですが、正直な述懐であることだけは認めましょう。（笑）

佐藤　これは、公安調査庁に限らず、世界の情報機関の宿命なのです。機密を要する活動は、その中身を安易に公表するわけにはいかない。だが、国民の血税を使って活動している以上、納税者の理解は欠かせない。そうしたジレンマのなかで、どの国の情報組織もみな模索を続けています。ですから、日本の納税者も、「名前は聞いたことがあるが、なんだか怖い」という程度の認識じゃないですか。

手嶋　ただ、厳格な守秘義務を課されながらも、公安調査庁は近年、自分たちの組織がどんな活動をしているのか、なんとか納税者に伝えようとしている跡は窺《うかが》えます。彼らが発行するパンフレット「PSIA　PUBLIC SECURITY INTELLIGENCE AGENCY 2020-2021」では「情報の力で、国民を守る。」というタイトルでこんな説明を試みています。

情報は、政策の立案・決定・実施に至るまでの遂行過程全般に必要な基盤です。とりわけ、国の存続並びに国民の生命及び財産への脅威に関する情報については、政府全体の力を結集して収集・分析を行うことが必要不可欠です。

これに続いて、公安調査庁は、国家・国民の安全を脅かす組織を調査・監視し、その過程で収集した情報を分析し、選り抜かれたインテリジェンスに仕立てて官邸などにあげる。それによって、外交・安全保障・危機管理に関する国家の意思を決定するのに情報面から貢献していると述べています。

佐藤　インテリジェンス機関の責務について、国際標準に則って、かなり正確に述べられていますね。「情報の力」によって国民を守る、ひいては、民主主義の体制そのものを脅かす者への抑止力として貢献していると。ただ、これだけの説明で、一般の納税者に、どんな組織かよく分かりましたと納得してもらうのはちょっと無理だと思います。

手嶋　国家に、そして国際社会に迫りくる危機は、何も戦争や国際テロ、そしてサイバーテロルだけではありません。いま、富める国にも貧困に苦しむ国にも、富裕層にも援助の手を必要とする人々にも、等しく、そして、容赦なく、襲いかかっている災厄が、新型コロナウイルス感染症です。

佐藤　そんな二十一世紀型の災厄を念頭に置きながら、インテリジェンス機関の責務とは何か、先ほど挙げた文章をいま一度読み返してみましょう。

国の存続並びに国民の生命及び財産への脅威に関する情報については、政府全体の力を結集して（情報の：著者注）収集・分析を行うことが必要不可欠です。

どんな政治的なスタンスをとる人も、これに異を唱える者はいないはずです。むろん、どんなに優れたインテリジェンス機関を持っていたとしても、今回のようなコロナ禍を防ぐことができたとは限らない。だからといって、インテリジェンス機関などなくていい、恐ろしい感染症に備える正確な情報がなくてもいい、ということには断じてならないですよ。

手嶋　その通りです。歴史上、迫りくるクライシスをぴたりと言い当て、これを防いだ例などないのですから。戦前のアメリカの情報当局は、日本の外交暗号を解読していながら、真珠湾奇襲の悲劇を食い止めることはできませんでした。アメリカ本土を狙った国際テロ組織の足音を聞きながら、九・一一同時多発テロも許してしまいました。佐藤さんがいうように、だから情報機関など潰してしまえという声は皆無です。

佐藤　近未来に迫りくる災厄をぴたりと言い当てる――。これはまことにもって至難の業なのです。今回のコロナ禍を考えても、つくづくそう思います。インテリジェンスとはどうあるべきか。それを考えるうえで、コロナ禍以上に恰好な例は他に思いつきませんね。

トランプ大統領が狙う「武漢病毒研究所発生説」

手嶋 いま、トランプ率いるアメリカと習近平率いる中国の間で、コロナ禍を巡る熾烈な情報戦争が戦われています。

まず、戦端を開いたのはアメリカのドナルド・トランプ大統領でした。ホワイトハウスの記者会見に臨んだトランプ大統領は、四月三十日、「コロナウイルスの起源が（湖北省武漢市にある）研究所であると確信が持てるような証拠を見たのか」と記者団に問われ「見た」と答えています。

これだけでは、一般の方々には何を意味しているのか、いま一つ分かりにくいと思います。「確かなエビデンスを見たのか」というホワイトハウス記者の問いかけは、かみ砕いていうと次のようなことです。一七ある国家のさまざまな情報機関から毎朝大統領に報告される「インテリジェンス・レポート」のなかに、「武漢起源説」、とりわけ「武漢病毒研究所」から漏れたことを裏付ける報告があったかと質問されたのです。とりわけ重要なインテリジェンスは、国家情報官室が各機関からあがってくる情報を取りまとめ、分析整理して、大統領に直接ブリーフィングします。これに対して、トランプ大統領は、その詳しい内容は国家機密に属するので「言うわけにはいかない。言ってはいけないことになっている」と応じています。これらのブリーフィング・ペーパーには、アメリカの情報機関がどこから、どのようにして情報を入手したのか、情報源を窺わせるものが含まれています。ですから、さしものトランプ大統領も、情報源を危険に曝《さら》し、情報活動の手の内を窺わせてしまうようなことはルールでできないと答えたのです。ただ、武漢起源説の根拠については「科学者や情報機関がいま調べている」と述べています。

佐藤　いま、手嶋さんは、国家の情報機関が「歴史上、迫りくるクライシスをぴたりと言い当て、これを防いだ例などない」とおっしゃいました。本題に入る前に、今度のコロナ禍が果たして「クライシス」なのか否かを考えておきたいと思います。私は、新型コロナウイルスの嵐が去った後も、人類も日本人も生き残るでしょうから、その意味で現下の情勢は厳密な意味で「クライシス」とまでは言えないと指摘してきました。しかし、単なる「リスク」か、といえばそうじゃない。災厄の大きさ、拡がり、深さからいって、一般的な「リスク」の閾値《いきち》は明らかに超えています。敢《あ》えていえば「クライシス」と「リスク」の中間くらいの状況にいまわれわれは置かれていると考えればいい。

それだけに、この新型コロナウイルス感染症が、武漢のどこで、どのようにして、発生したのか。そして、いかにして世界に感染を広げていったのか。同じような未知の感染症に立ち向かうためにも、その真相は是非とも明らかにしておかなきゃならない。

手嶋　確かにその通りなのですが、中国の習近平政権は、自らの政権基盤が揺らぐことを危惧してか、武漢起源説をあっさりと認めるわけにはいかない。中国科学院武漢病毒研究所から新型コロナウイルスが漏れてしまったと認めれば、国際社会に正式に謝罪しなければならないだけでなく、賠償責任をも問われることになるでしょう。ひいては習近平政権の支配体制にも影響が及んできます。

佐藤　アメリカのトランプ大統領は、全米に蔓延する反中国感情を肌で感じ取っていますから、習近平政権の責任を徹底して追及し、対中報復関税の引き上げなどで対抗措置をとろうとしていますね。

手嶋　トランプ大統領の最大の関心は、言うまでもなく、十一月三日に迫ったアメリカ大統領選挙にあります。再選のために利用できるなら、何でも使ってやろうと考えています。

トランプ大統領は、「暖かくなれば、ウイルスは消えてなくなる」と述べるなど、初期のコロナ対策では、明らかに後手を踏んでしまいました。その後も、ホワイトハウスの記者会見で「消毒薬を注射しては」といった無責任な発言を繰り返し、全米の支持率を徐々に下げていきました。

国家的な危機に立ち向かうアメリカ大統領は、「戦時の大統領」として采配をふるいますから、ふつうは支持率があがっていくものなのです。ところが、感染症の専門家の意見を真摯に聞こうとせず、思いつきで場当たり的な対策を打ち出すトランプ氏は「戦時の大統領」として十分な役割を果たすことができていません。

対する民主党大統領候補ジョー・バイデン氏は、デラウェア州の自宅に閉じこもって選挙キャンペーンの手を封じられていたのですから、「戦時の大統領」は一挙にライバルを突き放してよかったのです。ところが、五月五日のCBS放送の調査では、トランプ氏に投票すると回答した人が四三％に対してバイデン候補に投票すると答えた人が四九％と挑戦者のバイデン候補に六ポイントほど引き離されています。トランプ陣営の焦りは言うまでもありません。

佐藤　こうした状況下で、トランプ陣営としては、アメリカ国民に超党派で浸透している反中国感情に訴え、なんとか巻き返しを図ろうとしているわけですね。それには「武漢病毒研究所発生説」が有権者に最もアピールすると考えたのでしょうね。

手嶋　ええ、今回のコロナ禍をめぐる米中対決は、極めて政治色が濃いものになっています。だからと言って、真相は闇のまま葬られていいわけではありません。究明がいかに困難であっても、真実は一つなのですから。

世界のインテリジェンス・コミュニティーで「ギア・チェンジ」が起きている

佐藤　こうした国家の威信がかかった問題では、軍事機密と同様に、いやそれ以上に国家指導者は真相を徹底して秘匿しようとします。そうした状況下にある時こそ、インテリジェンス機関がその存在意義を問われます。ただ、真相に挑もうにも、高い壁が幾重にも張り巡らされている。日本やアメリカは、北京に大使館を置き、アメリカは武漢にも総領事館を開設していますが、だからといって、機微に触れるコロナ情報が簡単に入手できるわけじゃない。私は外交官でしたのではっきりと言えるのですが、外交の分野では相手国は友好的な情報ならさまざまな形で提供してくれます。しかし、その国にとって知られたくない情報は基本的に提供しない。相手国が嫌がる、出したがらない情報は、どうやって入手するのか。この分野は、外交官の仕事というより、インテリジェンス・オフィサーの仕事なのです。

手嶋　佐藤さんのように、政権の奥深くに食い込み、時に身の危険を冒して、相手が出したがらないインテリジェンスを入手してくる。そんな外交官は稀有な存在です。通常、日本の外交官は、そんなスパイのような危険な任務は、自分たちの仕事じゃないと思っているはずです。ですから、外交ルートを介して武漢起源説に関する正確な情報を入手するのはほとんど望めません。

佐藤　戦後の日本は、海外に情報要員を配して、情報源を涵養して、極秘のヒューミントを入手するという情報機関を持ちませんでした。今回のように、中国側は徹底して情報を秘匿する。だとすれば、その厚い壁を幾重も突破して相手国の出したがらない情報に肉薄し、入手する機関がやはり必要になってきます。本章の冒頭に述べたように「情報の力で国民を守る」ための機関が必要になるのです。いますぐ対外情報機関を創設することなど望めませんし、先ほども議論したように、情報要員は一日にして成りません。そうだとすると、現実的には、公安調査庁にその責務を担ってもらうことが最も現実的だと思います。

手嶋　私もまったく同じ意見です。現に英米の情報コミュニティーでも、今回のコロナ禍を受けて、重大なパラダイム・シフトが起きています。具体的にいえば、アメリカの情報コミュニティーでは、九・一一同時多発テロ事件をきっかけに、国家安全保障の中心テーマに「テロリズム」が据えられました。「テロの世紀」の幕があがったのですから、当然の成り行きでした。

同様に、今回のコロナ禍を契機に「パンデミック」がこれまた国家安全保障上の最重要課題に格上げされました。イギリスの情報コミュニティーでは「パンデミック」が、戦争、テロ、サイバー攻撃と並んで最重要の「レベル1」に位置付けられたとBBCは報じています。

佐藤　国家の存立と自由な社会体制を脅かす敵に立ち向かう。それが情報機関の責務なのですから当然だと思いますね。いま、世界のインテリジェンス・コミュニティーで一種の「ギア・チェンジ」が起きている。世界第三の経済大国、日本でも、こうしたレジーム・チェンジに迅速に対応していくべきです。その中心的な役割を担うべきは公安調査庁です。内閣情報調査室は人員の面からも情報の取りまとめと分析を担うことに特化しなくてはなりません。外務省の国際情報統括官組織は、残念なことですが、中国が秘匿したがる分野に切り込むだけの調査能力を持っていません。警察の警備・公安や防衛省の情報部門は、そもそも、こうした分野は担当外です。

手嶋　こうした状況下では、英米の情報機関も同様ですが、武漢に要員を派遣して調査することなどかないませんから、武漢病毒研究所の内情に通じた内外の研究者などから地道に情報を収集し、科学者の知見を総動員しながら、真相に迫っていくほかありません。

軍事機密なら、各国の軍部は、厳密な機密保持のシステムを確立して、容易にアクセスできません。ところが、感染症の世界は、今回の新型コロナウイルスが、かつてのSARSウイルスと遺伝子の構造がどこが違うのか、既存の治療薬は有効か、抗体はいかなるものか、といった分野で、コロナ発生直後から、中国の研究者と欧米や日本の研究者の間でかなり活発な情報の交換が行われてきました。

佐藤 日本国内でもかなりの情報を入手し、分析することが可能となっています。公安調査庁はこの情報の結節点になるべきですね。

手嶋 じつは、アメリカのインテリジェンス・コミュニティーには、メリーランド州フォート・デトリックにある国立医療情報センター（NCMI）という組織があります。感染症の専門家、ウイルスの専門家などを集めてコロナウイルスに関する情報を徹底して収集し、分析を始めています。じつはこの組織は、今年一月のかなり早い段階から武漢で発生した感染症がパンデミックになる恐れがあることをトランプ大統領に警告していたと「フォーリン・ポリシー」誌が伝えています。ただ、トランプ大統領は、例によって専門家の進言に耳を貸そうとしませんでした。日本でも感染症に特化した情報組織がいま求められています。同時に、情報の専門家も必要ですから、アメリカの国立医療情報センターのような組織を公安調査庁のブランチとして考えてはどうでしょうか。

佐藤　興味深い提案です。

公安調査庁には細菌・ウイルス戦の情報蓄積がある

佐藤　アメリカもイギリスもロシアも、細菌やウイルスによる感染症には、冷戦期を通じて大変な蓄積を持っています。第一次世界大戦で毒ガス兵器が使われて膨大な犠牲者を出した教訓から生物・化学兵器の製造・使用は、国際条約で厳しく禁止されてきました。しかし、東西両陣営は、冷戦期にも、細菌・ウイルス戦の研究はやめようとしませんでした。敵の陣営が生物兵器を使用してきたら、それを防ぐためにはワクチンや抗体を備えておかなければと考えたからです。ですから、東西両陣営にとっては、感染症との戦いは「冷戦の延長線」に位置付けられていたのです。同時に、国際テロ組織が生物・化学兵器に手を伸ばす危険も現実のものになりつつありますから、「テロの世紀」にあって、「パンデミック」は優れて今日的なテーマなんです。

手嶋　九・一一同時多発テロにワシントンが見舞われた時のことでした。ワシントンの連邦議会に「炭疽菌」入りの手紙が届いて、死者も出て、首都をパニックに陥れた事件がありました。私たちホワイトハウスの特派員も議会に取材に行くには、「炭疽菌」に備える薬を服用しなければなりませんでした。細菌・ウイルス戦に備えて、アメリカ軍が開発した薬だと聞きました。これを飲むとたちまち気持ちが悪くなり、もう二度と飲みたくありません。

佐藤　戦前は、日本の陸軍が登戸（神奈川県川崎市）に細菌戦の研究所を持ち、多くの医療専門家を抱えていました。戦後は、細菌・ウイルス戦に備える医学的蓄積は陸上自衛隊の一部を除いてなくなったと言われてきました。しかし、日本では、公安調査庁だけが唯一、細菌・ウイルス戦の分野で情報を蓄積してきたのです。オウム真理教が引き起こした松本サリン事件と地下鉄サリン事件に取り組んできたからです。

手嶋　コロナ禍のさなか、世界の情報関係者がもっとも注目している毒物・生物・化学兵器の専門家がいます。アメリカのコロラド州立大学のアンソニー・トゥー名誉教授（九〇）です。一九九四年に松本サリン事件が起きた後、トゥー博士はサリンの分析法を日本の捜査当局に指導し、山梨県の山中の土からサリンの分解物を見つける手がかりを提供したことで知られています。

このアンソニー・トゥー博士は、新型コロナウイルスの起源について、日本をはじめとするメディアのインタビューに答えて「私見だが、武漢の病毒研究所やその他の関連施設などで培養、研究していた新型ウイルスが未完成のまま、何らかの不手際で外部に漏れたと考えるのが一番適当な説明だと考えている」と述べています。

トゥー博士は、生物・化学兵器の専門家として国防総省の顧問を長く務めており、より詳細な分析をアメリカ政府に伝えていると思います。武漢病毒研究所には「Ｐ４」といわれる最高レベルの危険なウイルスの研究実験施設を備え、中国のウイルス研究の中枢を担っています。それだけに、アメリカの疾病対策センター（ＣＤＣ）が専門家を派遣したいと申し入れたのに対して中国側は受け入れを拒否し、代わって中国人民解放軍の生物化学兵器の最高の専門家と見られる女性の少将を武漢に派遣した事実からも「いぶかしい」と述べています。

佐藤　米中両超大国は、コロナ禍を巡る情報戦を繰り広げていますが、日本も多くの感染症の専門家を擁し、日中間でも限界があるとはいえ学術交流も盛んなのですから、真相の究明を欧米任せにせず、独自に取り組むべきだと思います。それによって、中国が初期の段階で情報を公開し、国際間の協力体制を取っていれば、今回のパンデミックを初動の段階で抑えられた可能性があったことを明らかにしておくべきだと思います。

手嶋　コロナ禍は、当初、武漢の食料市場からコウモリを介してヒトに感染したと伝えられましたが、武漢病毒研究所から漏れたことが確認されれば、ウイルスの管理や研究体制の見直しを抜本的に迫られることになると思います。

佐藤　世界的なベストセラー『サピエンス全史』の著者で、イスラエルの歴史学者、ユヴァル・ノア・ハラリは、今回のコロナ禍に関して深い洞察をわれわれに示してくれています。

選択を下す際には、目の前の脅威をどう乗り越えるかだけでなく、この嵐が去ればどんな世界に住むことになるかも自問すべきだ。新型コロナの嵐はやがて去り、人類は存続し、私たちの大部分もなお生きているだろう。だが、私たちはこれまでとは違う世界に暮らすことになる。（『日本経済新聞』電子版、二〇二〇年三月三十日）

これを機会に教育の世界にも重要な変革の波が押し寄せていくでしょう。日本の学校の始業を欧米やロシアの基準に合わせて九月にすべきだという議論はその最たるものだと思います。東京大学がすでに九月始業を検討しながら、反対意見が根強く断念した経緯がありました。私は、児童、学生の海外留学が容易になるという観点から学校を九月始業にする案は、十分に検討に値すると考えています。同時に、日本のインテリジェンス機関が、パンデミックを主要なテーマに据えて、自己改革を進める好機だと考えています。

手嶋　おおいに賛成です。公安調査庁がその先導役を担ってほしいと思います。

事務官なき「公安調査庁」という組織

佐藤 このあたりで一度、公安調査庁という組織はどういう組織なのかについて、その位置づけなどを確認しておきましょう。

手嶋 「公安調査庁」というインテリジェンス組織には、二〇二〇年の段階で、定員一六六〇人が配され、予算も一五〇億円規模が計上されています。この組織の最大の特徴は、一六六〇人という職員すべてが、基本的にすべて調査官なのです。つまり、事務要員がいない。さらに、警察のような巡査、巡査部長、警部補、警部といった階級が存在しません。職務に伴う役職があるにすぎません。ひとことで言うと、かなりフラットな組織なのです。

佐藤 そう、警察と違って階級制ではない組織なんです。これも、この組織のユニークなところでしょう。あるのは役職だけですから、基本的に全員が調査官として採用されています。もちろん、総務的な仕事をしている職員もいますが、かれらも調査官です。

じつにフラットなんですよ。警察に勤めているからといって、みんなが警察官というわけじゃない。事務官もいるわけで、公安職の警察官とは給与体系も異なります。警察と比較しても、この組織の特異性が分かると思います。

手嶋　業界の世評に従って、われわれも公安調査庁を「最小にして最弱のインテリジェンス組織」と表現することがあります。正確に言えば「最小にして最弱かつ最も無名」というべきでしょうか。国際的にはこうした業界の世評が当たらないことは第１章で詳しく検証しました。国内的にも本当に「最小にして最弱」なのかを検証してみましょう。

佐藤　日本のインテリジェンス機関としては、意外に強固な組織である。これが私の見立てです。むろん少数意見だと思いますが、こちらの方が実態に近いと思います。

手嶋　組織の建て付けは「法務省の外局」になっていますね。東京に本庁があり、北から北海道、東北、関東、中部、近畿、中国、四国、九州の八ヵ所に公安調査局が置かれています。主要都市には公安調査事務所があります。さらに外国人労働者が多くいる都市には、出張事務所も構えています。国際テロ組織の浸透を警戒してそうした人々の動向を追っているわけです。

佐藤　そういうユニークな組織が、どのようにして誕生したのか。これは、日本の戦後の在り方を考えるうえで極めて示唆に富んでいますので、後ほど、章を改めて検証してみたいと思います

インテリジェンス・コミュニティーのコアメンバーとして

手嶋　公安調査庁の業務の柱は、いまや、国家の根幹を揺るがすような左右両翼の過激な団体を監視することから、国家の政治指導者が決断を下すに当たって、その拠り所になるような選り抜かれたインテリジェンスを提供することに重点が移りつつあります。これを彼らの用語では「情報貢献」と表現しているようです。もちろん、同様の責務を課された情報機関は他にも存在します。ここで、日本政府のインテリジェンス体制について概観しておきましょう。

日本政府内の主だった情報機関の集まりを「インテリジェンス・コミュニティー」と呼ぶのですが、その主なものは、公安調査庁、内閣情報調査室、外務省の国際情報統括

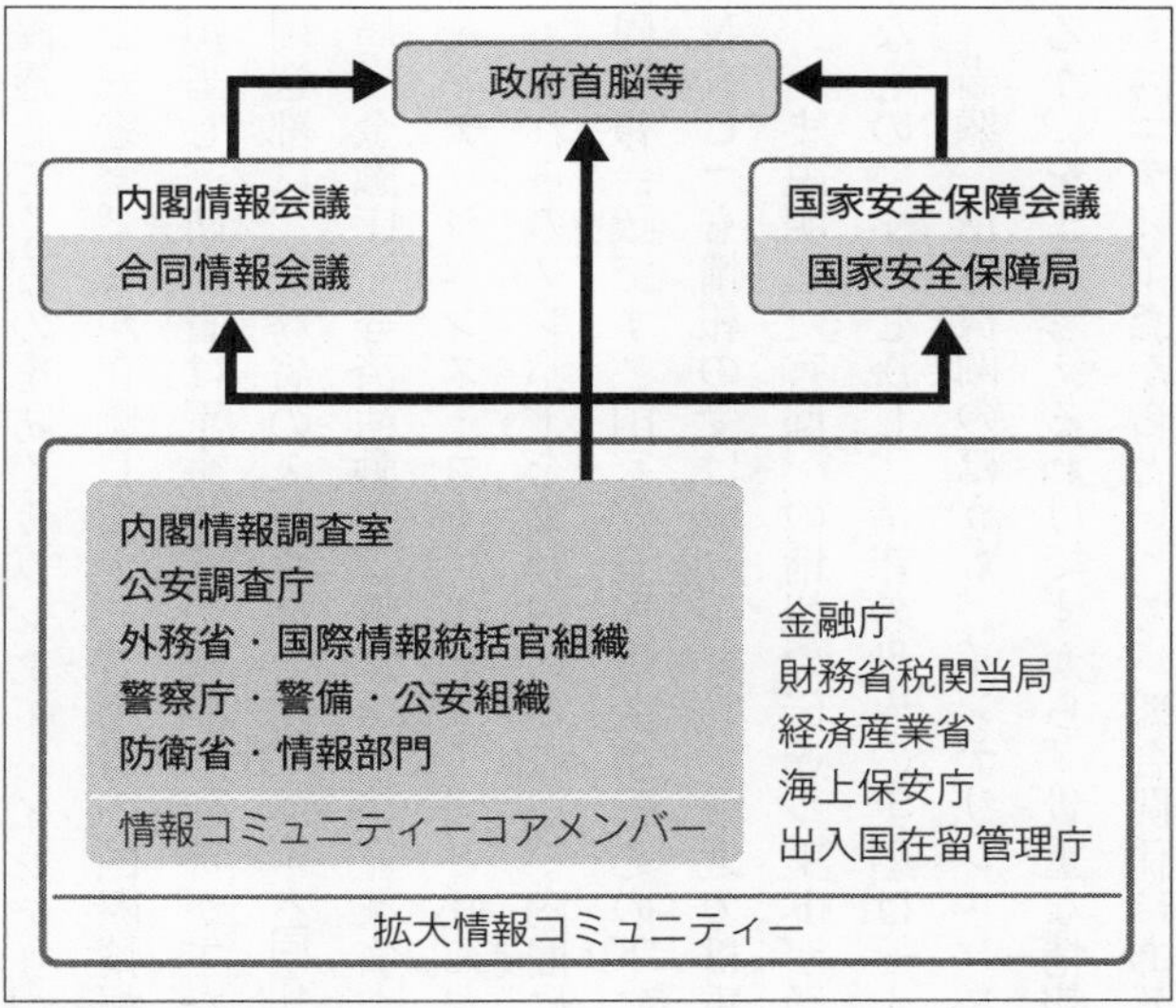

参考：公安調査庁

官組織、警察庁の警備・公安組織。これに防衛省の情報部門を加えるのが通例です。

佐藤　この五つの情報組織が日本のインテリジェンス・コミュニティーの中核を形成しているのですが、それぞれに担っている役割が異なります。戦後の日本には、海外に情報要員を配して情報活動を行っているCIAのような対外情報機関はありませんでした。このため、公安調査庁と内閣情報調査室が国の内外の情勢を監視する任務を担ってきました。外国のスパイやテロリストが国内に浸透してくるのを防ぐカウンター・インテリジェンス（防諜）を担っているのが警備・公安警察。私が在職していた外務省の国際情報統括官組織はもっぱら海外情勢の分析を担当し、防衛省は軍事情報の収集・分析が主な任務です。そして、このコアメンバーの周辺部に、法務省の入管当局（現在は出入国在留管理庁）、海上保安庁、財務省の税関当局、金融庁、経済活動を管轄する経済産業省などが名を連ねています。これらを「拡大インテリジェンス・コミュニティー」と呼んだりしています。

これらのメンバーを束ねているのが、内閣に置かれた内閣情報会議とその下にある合同情報会議です。国家安全保障会議とその下にある国家安全保障局、いわゆる「日本版NSC」も情報の受け取り手として最近では重要な役割を果たすようになっています。

いま説明した官邸への情報の伝達ルートが通常のもの、表現を変えれば「教科書的」なものです。しかし、情報の世界の実態はそんなにきれいに整ったものではありません。

当然、情報機関のほうも、インテリジェンスの中身によっては、誰にどのように伝えるか、をよく考えるわけですから。貴重な情報こそ、彼らの命。インテリジェンス・コミュニティーだからといって、競合関係にある組織に、簡単に教えてしまうことなどあ

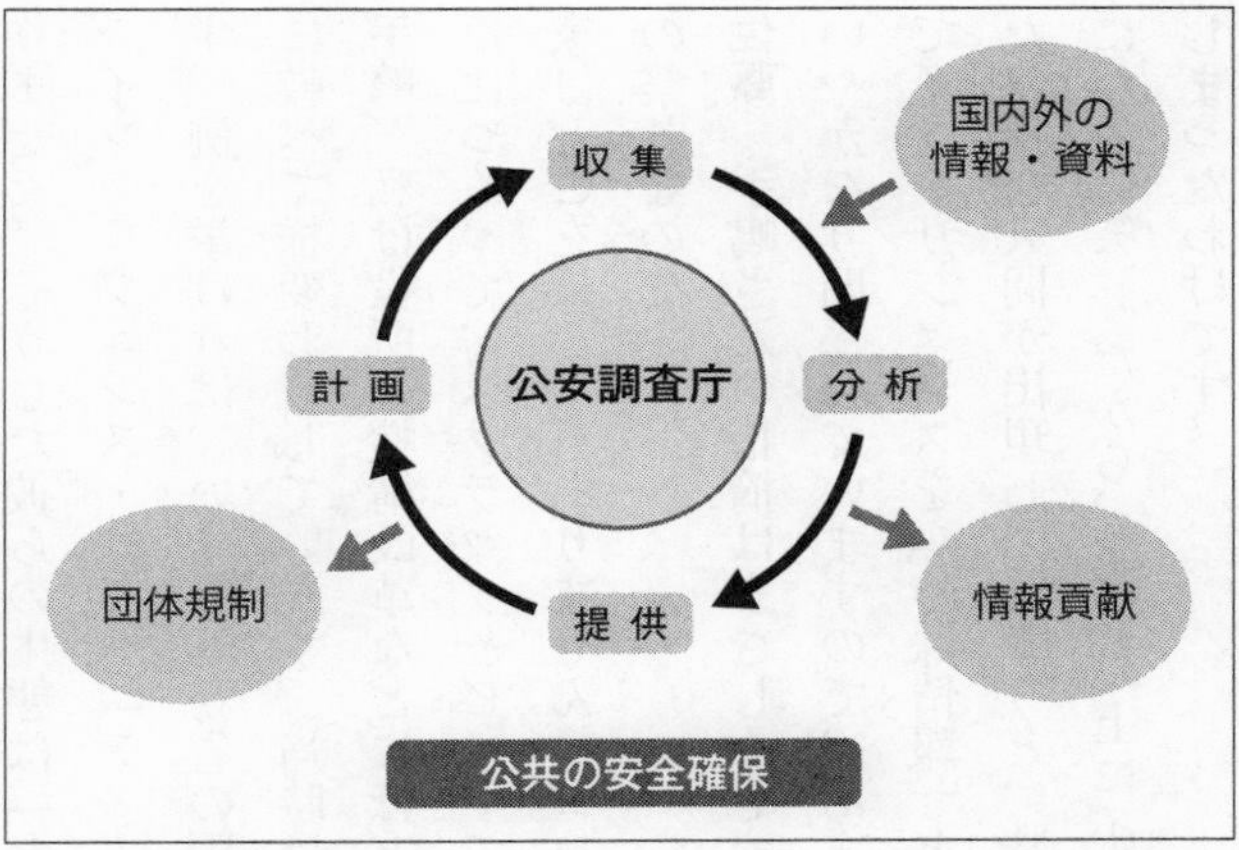

出所：公安調査庁

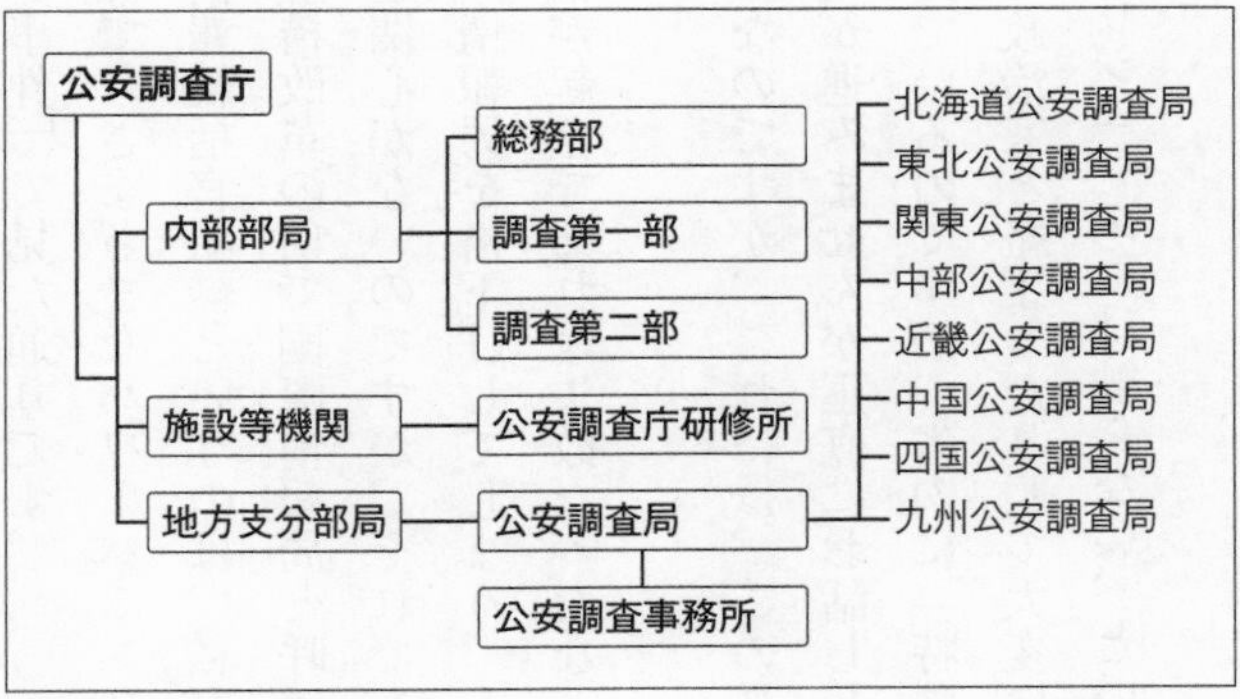

出所：公安調査庁

りません。そうした彼らの生態は「金正男事件」で見た通りです。

インテリジェンス・コミュニティー内部で、さまざまなパワーバランスも働いています。例を挙げれば、いまの外務省の国際情報統括官組織というのは、私が在籍した当時に較べて様変わりしています。当時は、機構改革の前で国際情報局と呼ばれていました。

手嶋　私は役所の機構改革などにほとんど関心がないのですが、それでも、領事局を新たにつくって、スクラップ&ビルドで国際情報局を格下げしてしまう。そんな愚かな国家はどこを探してもありません。コロナ禍が起きてあれは失敗だったなどと言っても後の祭りなのです。

佐藤　手嶋さんの指摘はまさしくその通りなのですが、これには、この私がいささか、いやかなり関係していますので、あまり気が進みませんが正直にお話しします。外務省でインテリジェンスを「特殊情報」と呼んでいるのですが、省内に「特殊情報」に通じた特殊な人間が出現してしまうと、特定の政治家と絡まったりして大変に面倒臭いことになる(笑)。だから、必要以上にインテリジェンスには触らない、という選択をしてしまったわけです。

手嶋　まさしく、羹《あつもの》に懲りて膾《なます》を吹く、の譬《たと》え通りですね。当時、国際情報局にロシア担当の異能のひと、佐藤ラスプーチンが出現し、鈴木宗男というこれまた特異な政治家と結びついて、北方領土交渉を壟断《ろうだん》したと外務省の主流は受け止めた。その策源地を取り潰してしまったわけですね。結果として、この二〇年間、外交の情報機能は意図的に弱められてしまった。ワシントンから電話をかけて、外務省の対ロ外交の最高責任者と情報のやりとりをしていたのですが、「これは佐藤の情報なんだが」と前置きしてクレムリンの動向を明かしてくれたことがありました。こちらも、それなりの情報は伝えたのですが、ホワイトハウスの補佐官も耳を傾けるほどのインテリジェンスでした。たしかにいまは質が落ちていると言わざるを得ませんね。

佐藤　何を隠そう私の事件もかなり影響しています。だから、いまは残念ながら、外務省の国際情報統括官組織のルートから内閣、官邸に上がってくるインテリジェンスには、これといったネタが少なくなりましたね。

「いいネタは、外には出していないのだ」というような言い訳をする人もいますが、外務省に在籍した経験で言わせてもらえば、それは嘘《うそ》。そもそも、いい情報がないのです。

「いいネタは、これといった特別なお客にしか出さない」と言っている寿司屋のようなもので、じつは特別なお客なんていないわけですね。（笑）

手嶋　外務省が「特殊情報」が取れなくなっている。これは国家としては由々しき事態ですね。アンドロポフからチェルネンコというクレムリンの後継問題を巡って当時モスクワの日本大使館が超一級のインテリジェンスを打電してきた内情を知る者として残念ですね。

佐藤　そうした隙間に入ってきているのがじつは公安調査庁であり、内閣情報調査室なのです。公安調査庁が特に国際問題に関してプレゼンスを高めたというのには、そういう事情も関係しています。つまり、外務省が情報を取れなくなっていることと、トレードオフの関係にあるんですよ。

海外情報に関して言っておくと、インターネットが発達したことによって、ある程度の「土地勘」さえあれば、そこそこの情報が入手できるようになった、という事情もあります。その点では、たとえば在外公館警備対策官の派遣というかたちで、警察も公安調査庁も防衛省も人員を海外に出して土地勘を鍛えている。

手嶋　海外情報を入手できるネット環境も大きく様変わりしていますからね。かつてのように海外情報は外務省の独壇場といった時代はもう過去のものです。

佐藤　かつては、海外に足場を持っている外務省が、情報を収集する力では圧倒的に優位に立っていた。しかし、日本国内にいても海外情報が取れる時代になると、その地域の土地勘さえ鍛えれば、日本にいながらにして良質な情報を探り当てることができるようになったのです。

たとえば、公安調査庁の職員が、大使館で警備官の仕事に就きます。三日に一回その任に就いて、あとの時間で本来の任務を遂行しているわけです。そうやって土地勘を育てた人たちが日本に戻ってくれば、ネット上の公開情報や、あるいは現地で築いた人脈から、いい情報が取れる時代になりました。

手嶋　国際テロに関して言えば、官邸には、警備・公安警察が中心になっている国際テロ情報収集ユニット（CTU－J）があります。こちらは、小ぶりですが海外にも情報拠点を持ちながら国際テロ組織の動向を監視しています。公安調査庁は、在外公館のCTU－Jに人員を派遣して、国際テロの動向を追わせています。こうした人々が帰国すれば、かなりの土地勘を蓄えているわけですから、いい戦力になります。

佐藤　公安調査庁は、単に国内の情報源から情報を入手するだけでなく、情報源を育てながら対象にアプローチしていく手法も取り始めています。

「逮捕権」を持たないのにはわけがある

佐藤　余り知られていない事実なのですが、公安調査庁の調査官には、司法警察官のように強制捜査権、逮捕権が与えられていません。じつは、これには非常に重要な意味があるのです。

手嶋　読者にも意外だと感じる人も多いはずです。公安調査庁と聞くと、いかにも「危ない人たち」を御用にできそうなイメージがありますから。

佐藤　じつは警察官の他にも、自分の職務として、犯人を逮捕することができる権限を持っている人たちがいます。たとえば、自衛隊の警務官、海上保安官、厚労省の麻薬取締官、そういわゆるマトリです。さらには密漁を取り締まる水産庁の漁業監督官、意外なところでは林野庁の森林官にも逮捕権があるんですよ。

手嶋　えっ、林野庁に逮捕権があるんですか。

佐藤　ええ、こういう人たちを「特別司法警察職員」と言います。公安調査庁もそれに含まれて良さそうなものですが、現実には逮捕権を付与されていないのです。この組織が戦後発足した際、まあ逮捕権を付与しようと思えばできたのですが、あえてしなかったのです。

手嶋　あえてしなかった――それには重要な意味があったわけですね。

佐藤　まず、ごくシンプルな理由から。警察との重複を避けるためです。公安調査庁が逮捕権を持つと、結果的に警備・公安警察と機能が似通ってしまう。分かりやすく言えば「第二警察」になってしまう怖れがあったからです。かつて国鉄時代には、鉄道公安官がいました。この鉄道公安職員は、結局、都道府県警管轄の鉄道警察隊に再編されましたので、公安調査庁も第二警察的な存在にとどまれば、同じような運命を辿《たど》っていたかもしれません。

手嶋　しかし、公安調査庁に逮捕権という伝家の宝刀を与えなかったのは、さらなる深慮が働いていたような気がします。

佐藤　当時の政府関係者のなかに、公安調査庁を将来、本格的なインテリジェンス機関に育てたいと考えていたひとがいたのだと思います。情報機関が、強制捜査権や逮捕権という国家権力を直接行使できる権限を手にすると、地道に人間関係を築いて人的情報、良質なヒューミントを引き出すという能力、機能が弱体化してしまう。相手が怪しいと踏んだら、そんなまどろっこしいことなどせずに、すぐお縄にかけてしまえ。そんなことをしていれば、調査能力は育ちません。

手嶋　たしかに国際的に見ても、英国のＭＩ６も、ＭＩ５（保安局）も、アメリカのＣＩＡも、ロシアのＳＶＲ（対外情報庁）も、イスラエルのモサドも、みな逮捕権は与えられていないですね。これは、インテリジェンス機関のグローバル・スタンダードだと言っていい。

佐藤　ちょっと違う観点からこの問題を見てみましょう。オウムのサリン事件や、相模原障害者施設津久井やまゆり園のような殺傷事件に関しては、警察の捜査に始まり、裁判に至るという司法の手続きでは、たとえば犯人の心の奥深くに隠された闇の部分の究明には、限界があると思います。司法の役割は、犯罪者を逮捕、起訴し、裁くこと。しかも、三人以上殺した場合には、いわゆる「永山基準」に準拠して、ほぼ間違いなく死刑となります。それがいかに猟奇的な事件であっても、その事件の背後に隠された深層というべき部分までを解明することが警察、検察、裁判所の仕事になっていないのです。死刑が事実上確定しているのなら、それ以上、事件の深層の部分にまで踏み込もうとしなくなる。

手嶋　米軍基地から盗んだピストルで連続四人を殺害した永山則夫被告に対する、最高裁の死刑判決の際に示された九項目のうちの一つに、「被害者の人数」が示されました。以後、これが死刑判決を下す一つのスタンダードになってしまいました。

佐藤　警察は最高刑の死刑にするのに必要かつ十分な証拠固めしかしないわけです。犯行がどういう世界観の下に実行されたのか、さらにはそうした世界観を生み出した社会的要因、環境は何かといったことの解明は、二の次、三の次になってしまう。それをやるためには、事件の深層の究明という、警察や司法とは別の視点から事件にアプローチする独立の機関、たとえば航空機や鉄道の重大事故が発生した時に設置される事故調査委員会のような仕組みが、どうしても必要になります。

手嶋　本題に当てはめれば、インテリジェンス機関は「事故調」のような存在でなければならない、と。

佐藤　そう思います。公安調査庁に強制捜査権を持たせてしまうと、たとえばその権限をちらつかせて脅しながら協力者を運営するといったことが可能になる。直近の事案はそれで対応できたとしても、長い目で見ると、努力して自発的な協力者をつくり、ネットワークを広げていくといった力が衰えていくわけです。

手嶋　インテリジェンスの人間力に陰りが生じてしまう。

佐藤　そうなれば、インテリジェンス機関にとっては致命症です。そうならないように、創立当初から知恵が働いたのではないでしょうか。結果的には、今日の公安調査庁にとってはそれがよかったと思います。

政策決定に関与せず

手嶋　「金正男事件」に関して、公安調査庁の仕事は、海外から貴重な情報を入手し、成田の入管当局に搭乗機の便名を告げて終わりと紹介しました。「逮捕権を持たない」のですから、あとは政府首脳と捜査当局の判断に委ねたのです。

佐藤　あらゆる手立てを尽くして正確な情報を掴む。得た情報をしかるべき場所に伝える。それ以上でも以下でもない。また、あってはならない。

手嶋　情報機関の責務を比類なき簡潔さで言い表していますね。

佐藤　事故調が関係者の罪刑や被害者の感情を忖度してしまったら、深層の部分に迫れなくなってしまいます。なにが隠されているのかを、究明する眼鏡《めがね》が曇ってしまいます。それと同じです。

手嶋　インテリジェンス機関は、政策の決定に関与せず――繰り返しますが、これはすべてのインテリジェンス機関にとって共通のグローバル・スタンダードなのです。公安調査庁は、「その情報を使ってどうすべきか」というポリシー・メーキングには関わらないのです。

佐藤　情報機関が、政府の意思決定に関わって、重大な結果を招いてしまった事例は、歴史上数多くありますからね。

手嶋　その惨めな例を目の当たりにしましたので紹介しておきます。イラク戦争の事例です。九・一一同時多発テロ事件を受けて、当時のブッシュ政権は、イラクのサダム・フセイン政権が、「大量破壊兵器を隠し持っている」として、これを大義名分に対イラク攻撃の機を窺っていました。しかし、これといった裏付けの情報がない。当時のアメリカのインテリジェンス・コミュニティーは、大統領のそんな胸の内を見透かしていましたから、こぞってイラクの大量破壊兵器疑惑に関する情報を差し出したのでした。イラクからドイツに亡命したコードネーム「カーブボール」の「化学兵器」に関するガセネタは、その典型でした。ブッシュ政権はこれに飛びつきました。後にアメリカの情報関係者は「ブッシュ政権がわれわれの情報を恣意的に利用した」と弁解していますが、実際は政治的に利用されることを知りながら抵抗した節はありません。政権の意を迎えたり、政権の意思決定に影響を与えたりしようとすれば、どんな悲劇が起きるのか。

佐藤　そうしたセオリーに従って、情報収集能力を担保しているのは、日本では現在のところ公安調査庁しかありません。

手嶋　しかし、戦後永く、地方の調査官が地道な情報活動の末に第一級の情報を入手しても、長官を含めた幹部に報告されるのがせいぜいで、官邸に伝えられませんでした。状況が大きく変わったのは、二〇一三年に国家安全保障会議、日本版NSCが創設されたのがきっかけでした。それによって、ようやく日本でも「インテリジェンス・サイクル」が回り始めたのです。総理や官房長官の元にも第一線からの情報が迅速に届くようになり、官邸からも「情報要求」が積極的に出されるようになった。これによって情報の血の巡りともいうべき「インテリジェンス・サイクル」が機能するようになってきたのです。

佐藤　その意味で、官邸は「インテリジェンス・サイクル」の心臓なのです。

手嶋　そうした情報を巡る環境が変化するなかで、「インテリジェンス・コミュニティー」の中央山脈に公安調査庁が位置し始めています。本書を編んでいるのはその故です。

佐藤　一般には内閣情報調査室こそ、情報コミュニティーの中核と見られていますが、実動部隊がほとんどないこともあって、各省庁から上がってくる情報の取りまとめと分析に特化する機関の性格を強めているからです。上がってきた情報の取捨選択、加工が業務の中心です。それはそれで非常に重要な任務なのですが、そもそもいいネタが上がってこなければ、料理のしようがありません。

手嶋　一般の市民やメディアの側に蓄積がありませんでしたので、刑事ドラマなどでも内閣情報調査室を半ば謀略機関のように描いたりしています。ＢＢＣのドラマが現実を精緻に映している点でオックスフォード大学の大学院レベルとすれば、小学校低学年のレベルです。映画やテレビの制作陣がたまにやってくるのですが、いくら熱心に説明しても伝わらず「やっぱり謀略だったんですね」と。深い疲労だけが残ります。

佐藤　映画や小説を通じて、一般に抱く内調のイメージと実際は、かなり乖離しています。内調の人間が尾行する。そんな人員もないし、予算もありません。ある映画では内調のメンバーが、せっせとネットに書き込みをしているシーンもありましたけど、あの人たちはそんな暇はありません。やるべき本来の仕事が、山のようにあるのです。

手嶋　内調は本来の仕事が「情報の取りまとめ」です。公安調査庁は、この内調を経由してインテリジェンスを官邸にあげることも多いので、ここで内閣情報調査室について簡単に論じておきましょう。

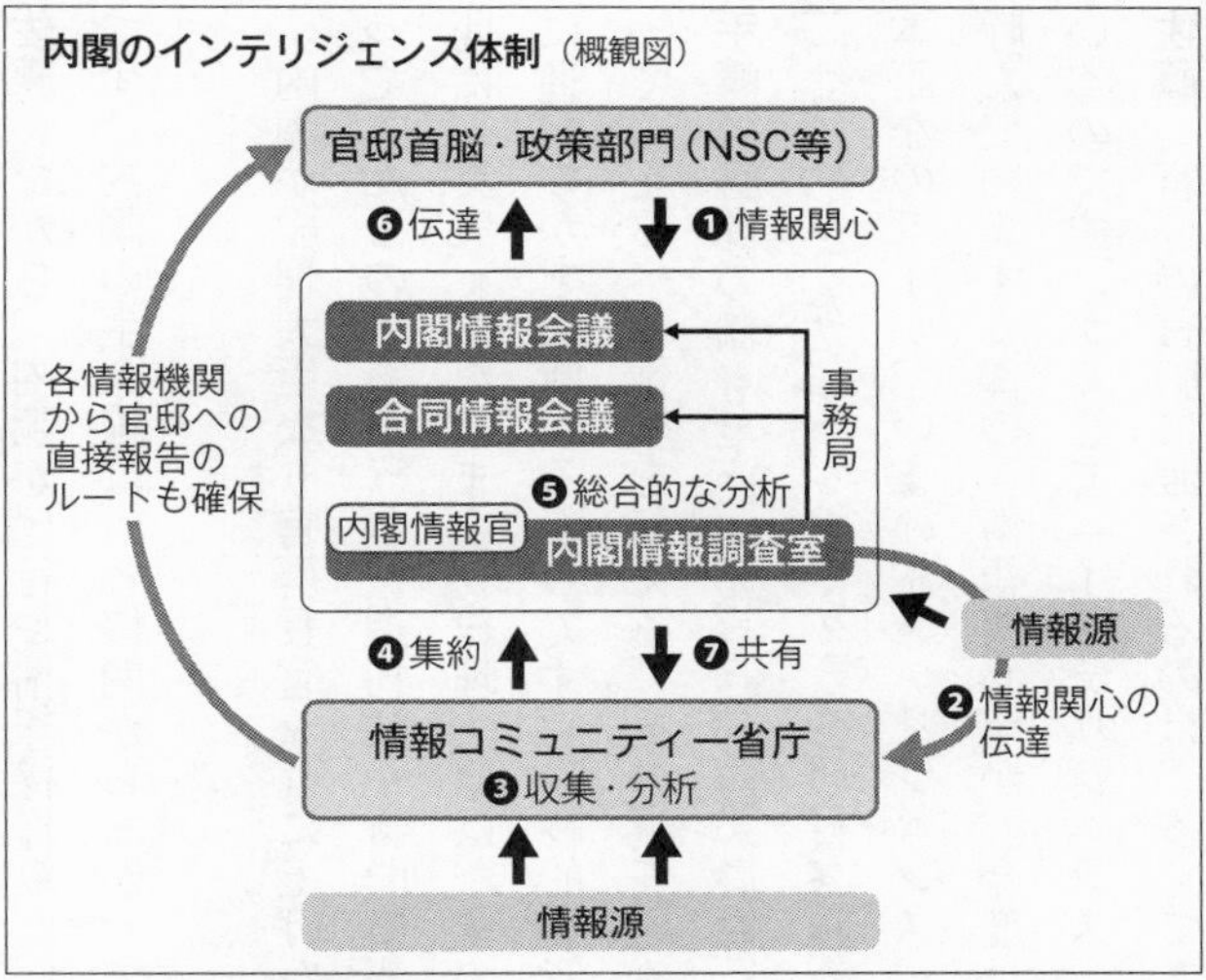

内閣のインテリジェンス体制（概観図）

出所：内閣官房内閣情報調査室

内閣官房のホームページに「内閣のインテリジェンス体制」の概観図が載っています。

それによると、五つのコアメンバーは必ずしも「並列」に描かれていません。内閣情報調査室は、公安調査庁や外務省などの情報コミュニティーからあがってくる情報を受け取って、総合的な分析を加える、というスタンスに位置付けられています。そうして加工されたインテリジェンスを官邸首脳や日本版ＮＳＣなどの政策部門に伝達する役回りを果たしていると説明しています。

佐藤　だから、内調が尾行や情報操作みたいなことに、直接手を染めるゆとりはないのです。内調の生命線は、各機関からあがってくる情報の取捨選択と加工。これに尽きます。

内調が総理大臣なり官房長官なりに上げた情報というものは、外国の情報機関から取ってきたものであろうが、週刊誌や新聞情報に依拠したものであろうが、届けられた瞬間に「真実」になります。総理大臣は、そのインテリジェンスを基に、右に行くのか左に進むのかを決断するからです。最終的な意思決定を委ねられた政治指導者に責任をもって伝えるべき情報を伝える。その責任たるやじつに重大です。

手嶋　官邸の側も単に情報を受け取るだけではありません。その情報に触発されて、「これはどうなっているのか」と新たな情報をリクエストする。じつに、こなれない日本語なのですが、いまのインテリジェンス・コミュニティーではこれを「情報関心」と呼んでいます。この「情報関心」が、今度は逆のルートを辿って、公安調査庁に降りていくのです。かくして「インテリジェンス・サイクル」が回る仕組みになっています。

佐藤　官邸の首脳に渡されるのは、多くてA４判で二～三枚くらいのレポートです。

手嶋　迅速で的確な判断に役だつようそこまでブラッシュアップされています。ホワイトハウスの例を挙げれば、国家の情報機関は、入管やコーストガード（沿岸警備隊）などを含めて広義で一七あります。大統領が寝ている間に、国家情報長官組織が膨大な情報を取捨選択して、A4で五項目、多くても一〇項目にまとめて、起床した大統領に午前八時半から三〇分ほど欠かさずブリーフィングします。もっともトランプ大統領はルーティーンというのがない困った人ですから、歴代の大統領とはかなり異なりますが。ブリーフィングを担当する国家情報長官組織は、すべての情報機関ににらみが利きますから、その権力は絶大なものです。

佐藤　「いい情報」を要約して渡せばいい、という単純な話でもありません。たとえば、大統領も総理大臣も、トップに立ってまず取り組むのは、自分が勉強していた分野についての政策実現です。小泉純一郎首相は、郵政民営化を勉強していたから、もっと言えばそれしか勉強していなかったから、そこに突っ込んだのです。

そうすると、さきほど手嶋さんが指摘した総理の「情報関心」は、郵政民営化絡みとなります。ただ、総理の関心は薄いが、国家の指導者として関心を持ってもらわなければばいけない分野もあります。そこで、内調の熟練した仕事師の腕が試されます。どの機関のどんな情報を総理にあげて、総理の関心を引きあげていくか。露骨な迎合や情報の膨らましに手を染めれば「カーブボール」になってしまいますが、どの情報機関もリーダーの情報関心にはとりわけ敏感です。どんなペーパーを官邸に上げるのか、そこには情報機関の間にも、内調の内部にも、かなり熾烈な争いがあるのです。

手嶋　そうしたメカニズムが働いて、情報がより磨かれることにもなります。情報のそのいわばカスタマーである現在の北村滋国家安全保障局長などが、総理の心の内も読み解きながら、そこにヒットする情報を選りすぐって上げていく。一方で、総理の「情報関心」を見極めながら、他の四つのコアメンバーをはじめとするインテリジェンス・コミュニティーに「情報関心」を伝えていくわけです。

佐藤　じつは国家のインテリジェンス活動におけるクライアントは、ただ一人なのです。日本の場合では、内閣総理大臣その人、アメリカなら大統領です。

手嶋　さきほど、佐藤さんは、「情報は指導者の手に渡った段階で一つの真実になる」と言いました。まさしくその通りです。二〇二〇年四月、「金正恩の重体説」「脳死状態説」が情報機関から大統領に報告されました。この段階で、金正恩を取り巻く健康不安は、トランプ大統領にインプットされ、国際政局を独り歩きし始めました。事実がどうであるかという段階を超えて、国際政局のリアリティーに転化したのです。情報の世界の何たるかをお分かりいただけたと思います。

佐藤　日本のインテリジェンス体制も、ようやくグローバル・スタンダードに近づきつつあります。そういうインテリジェンス・サイクルの中核に、公安調査庁がいることは重要です。正面から官邸の「情報関心」を受け止めて、足で稼いだ成果を上げてくるのが公安調査庁ですから、これからの日本の情報活動でどんな役割を担っていくのか、その動向には十分な注意を払う必要があると思います。

変わる監視のターゲット

手嶋　ただ、公安調査庁は、秘密裏の調査を手がけていることもあって、実際の活動について広く一般の国民にもメディアにも、伝えてこなかったことが最大の問題です。最近は活動の裾野もぐんと広がっているのですが、これじゃ納税者の理解は得られません。

佐藤　公開情報ということでいえば、『内外情勢の回顧と展望』と『国際テロリズム要覧』をまとめ、公表しているくらいですね。どちらも公安調査庁のホームページからダウンロードできます。

手嶋　ただ、一般の人は見ないですよ。メディアも記事としてほとんど取り上げない。

佐藤　ところが、この『回顧と展望』は、A４判八四ページのなかに、貴重な情報がぎっしり詰め込まれています。国内外の政治情勢をはじめ、その情報の質の高さは、ちょっと驚くくらいのレベルです。

手嶋　お役所の情報活動にはいつも手厳しい佐藤さんが、そう評価するのですからクオリティーはかなり高いとみていい。

佐藤　お役所仕事として、アリバイ的に出している類いのものではありません。これだけ質を担保して民間のシンクタンクに委託すれば億単位のコストがかかると思います。

手嶋　確かに、『回顧と展望』を読んでみると、公安調査庁の活動が、大きく様変わりしていることが分かります。かつては、調査・監視の対象が、共産党、武装極左グループ、オウム真理教でした。二〇二〇年の『内外情勢の回顧と展望（令和2年1月）』は、全体の構成を見ただけで「主役」の交代は明らかですね。

佐藤　古典的な「ターゲット」への記述がぐんと減っているのに対して、国際テロ対策などが非常に大きくクローズアップされています。

この『回顧と展望』には、随所にテーマに関連するコラムが掲載されていて、これも結構面白くて役に立つ。たとえば、「国際テロ」の項目では、「テロ組織によるドローンの活用」と題して次のような一文が載っています。

9月、サウジアラビア東部に所在する主要石油施設が攻撃を受け、石油生産の一部が停止するなどの被害が発生した。イエメンのシーア派系武装勢力「フーシー派」は、ドローン10機を使用して同攻撃を実行したと主張したが、サウジアラビア政府は、イランの関与を主張（イランは否定）するとともに、同攻撃にドローン18機及び巡航ミサイル7発が使用されたとして、これらの破片を公開した。

ドローンは近年、小型化、低価格化が進んだことにより広く普及し、「イラク・

レバントのイスラム国」（ＩＳＩＬ）などのテロ組織による使用も拡大した。ＩＳＩＬは、平成25年（２０１３年）からシリアやイラクでのテロ活動にドローンを使用し始めたとされ、主としてプロパガンダや偵察、攻撃にドローンを使用してきた。平成26年（２０１４年）８月には、敵対する勢力の軍事基地（シリア北部・ラッカ）を空撮したプロパガンダ映像をインターネット上に投稿し、ドローンの使用を初めて公開した。そして、平成28年（２０１６年）から平成29年（２０１７年）にかけて、ドローンに搭載した爆弾を上空から投下するなどの攻撃を続発させるなど、ドローンの活用方法を拡大させていった。ＩＳＩＬによるドローンの使用は、シリア及びイラクにおける支配領域の縮小とともに減少したものの、イラクでＩＳＩＬ戦闘員の隠れ家からドローンが発見される（９月）など、ドローンの使用を継続する意図がうかがわれる。

このほか、ナイジェリアなどで活動する「ボコ・ハラム」が、ドローンを治安部隊への攻撃に使用しているとの指摘があるほか、「アラビア半島のアルカイダ」（ＡＱＡＰ）支持者が、インターネット上で、サウジアラビアの石油施設が攻撃を受けた事例（前述）に関し、自組織による同様の攻撃実行を呼び掛ける（9月）など、ドローンによるテロの脅威は継続している。

ドローンによるテロは、その標的や搭載物によっては甚大な被害を及ぼすおそれがあることから、今後の関連動向に注意を要する。

手嶋　ドローンがテロにという話は耳にしますが、ここまで詳細に知らされてみると、衝撃を受けますね。かつて、九・一一テロの実行犯が、アメリカの飛行機操縦学校に入学していた話を思い出します。日本も自動車学校がドローン操縦スクールに参入するケースが目立ちます。ここに怪しい入学者があれば警戒の対象になります。そうした意味からも役に立つ情報ですね。

佐藤　着眼点がいいのです。ただ、公安調査庁は、アピールベタなのが、いささか残念ですね。

二〇一九年十月には、さきほどのドローンのコラムにも出てきたＩＳＩＬの最高指導者バグダディが、米軍特殊部隊による作戦で死亡した、というニュースもありました。

手嶋　トランプ大統領は「テロリスト・ナンバーワンを殲滅した」と大いに成果を誇ってみせました。さしもの「イスラム国」も息の根を止められた、と受け取られました。

佐藤　しかし、『回顧と展望』は、「ISILは、バグダディ死亡後も、シリア及びイラクでテロを実行しており、今後も、両国で治安部隊などを標的としたテロを継続するものとみられるほか、新最高指導者の下での結束力を強調するため、様々なプロパガンダの発信を通じて、自組織の存在感を継続的にアピールしていくとみられる」という認識を示しています。「シリアに残る『イラク・レバントのイスラム国』（ISIL）戦闘員の家族らの潜在的脅威」というタイトルのコラムには、そうした認識が、やはりリアルな事実をもって裏打ちされています。

ISIL最後の支配地であったシリア東部・バグズでの掃討作戦（3月終結）に伴い、同地で生活していたISIL戦闘員の妻や子供らが、同国北東部・ハサカ県のアル・ホール難民キャンプへ流入した。（略）

アル・ホール難民キャンプに収容された欧州出身者の中には、「『イスラム国』での生活は素晴らしかった」などとしてＩＳＩＬの復活を望む発言をする者がいるなど、ＩＳＩＬを引き続き支持する女性が少なからず存在するとされる。これら女性は、他の女性収容者に対してＩＳＩＬが厳格に解釈したイスラム教に基づく生活を強要し、これに従わない者に対して刃物による脅迫や投石、テントへの放火などを行っているとされ、殺害事案も報じられている。（略）

また、アル・ホール難民キャンプでは、女性だけでなく子供の中にもＩＳＩＬの過激思想の影響を受けた者が一定程度存在するとみられている。例えば、複数の子供がＩＳＩＬの存続を主張する映像やＩＳＩＬの旗をキャンプ内に掲揚する映像がインターネット上で配信される（いずれも7月）などした。

米国国防総省が発表した報告書（8月）によると、同難民キャンプではＩＳＩＬの過激思想が際限なく広がっているとされ、より一層の過激思想の拡散やＩＳＩＬを支持する女性や子供の今後の動向が懸念される。

手嶋　欧州諸国の当局者は、イスラム過激主義の「時限爆弾」とみなして、警戒しているようですね。難民キャンプでそんな出来事が起こっていたというのは驚きです。

佐藤　一般のメディアではあまり報じられることのない現実なのです。

「在日外国人」を使った情報収集

佐藤　あらためて『内外情勢の回顧と展望』の全体構成に戻ると、国外のほうが先にきています。内外情勢ではなくて、「外内情勢」になっている。

手嶋　「公安調査庁といえば、共産党とオウム真理教」という存在から、国外での情報収集活動に急速にウェートを高めている。あきらかにインテリジェンス機関として方向転換を図っていることが『回顧と展望』からもはっきりと読み取れます。

佐藤　グローバル時代なのだから当然だろう、と一般の方は思われるかもしれません。しかし、外務省に身を置いた私などからすると、これはかなり驚きなのです。なぜかというと、以前は他の省庁がこんなレポートをつくったら、外務省が黙ってはいなかった。「人の管轄を荒らすんじゃない」と。

手嶋　海外情勢は、外務省の専管事項という時代は過去のものになりつつある。

佐藤　そういうことです。それとトレードオフの関係で、公安調査庁が手がける海外の調査対象がどんどん広がっています。それが『回顧と展望』にも投影されている。

手嶋　戦後の日本は、ＣＩＡやＭＩ６のような、直接、海外に情報要員を配して、機密情報の収集に当たらせる対外情報機関を持ちませんでした。そして、そうした機関は、当分は出現しないでしょう。ウワモノだけをつくっても、佐藤ラスプーチンのような人材を育てるには、少なくとも半世紀近い時間がかかります。ただ、それに代わって、海外で経験を積んだ警備要員や書記官に新たな任務を負わせて、海外情報の収集・分析に当たらせるのが現実的な策だと思います。

さらに、ターゲットとする地域の人たちに、情報の収集・分析を担ってもらうこともすでに行われています。一昔前と違って、イスラム圏を含めて、ありとあらゆる国の人たちが日本に入ってきて、勉強し、生活しているわけですから。

佐藤　彼らを、日本で問題を起こすかもしれない危険な人々、すなわち監視の対象と見るだけでなくて、逆に情報提供者として協力してもらえる存在だと認識することが大切です。

手嶋　分かりやすく言えば、日本に暮らしている人たちの知識や経験を活かして、彼らを貴重な情報源として育成するという発想です。そういう人たちが、やがて母国に帰った時には、そこで地道に情報の収集活動をしてもらい、何らかのかたちで知らせてもらえれば、貴重な情報が入手出来ます。あまり知られていない事実ですが、こうして現地のエージェントを育てたのは公安調査庁でした。その活動は、パキスタンをはじめかなりのイスラム圏に広く浸透しています。

佐藤　公安調査庁が「そこまでやっている」ことは、これまでほとんど知られていなかった。ここで外務省のために言っておきますが、外務省もそうした活動をまったくやっていないわけではない。でなければ、格下げになった国際情報統括官組織も生き残れませんから。

手嶋　佐藤さんの指摘にあった、公安調査庁の視点が、「内」から「外」へシフトしているのは、じつは、戦後一貫して「東アジアの脅威」であった北朝鮮を標的とする日本のインテリジェンス活動にもそのまま当てはまります。北に関しては、国内に在日本朝鮮人総聯合会（朝鮮総聯）という組織があります。戦後の一時期は、大変に強力な政治勢力だったがゆえに、そこを監視し、あるいは接触を保っていれば、かなりの情報を入手することができたのです。しかし、北朝鮮への経済制裁が効いた結果、北への資金ルートを担っていた朝鮮総聯の影響力も目に見えて衰え、そこからは第一級のインテリジェンスがもはや入ってこなくなってしまった。

佐藤　情報を持たない人間や組織にいくらアプローチしても、意味がありません。

手嶋　しかし、北朝鮮情報の価値がなくなったわけではありません。むしろ、核やミサイル開発、拉致問題に関わる正確な情報はいまこそ求められています。そこで、北情報の分野でも、朝鮮総聯に依存する国内型から、朝鮮半島やその関係国を視野に入れた国外型にシフトせざるを得なかったのです。

佐藤　そうした情勢の変化を受けて、公安調査庁はいま、さまざまな分野に挑み始めているはずです。

手嶋　相手の国も警戒するでしょうから、慎重の上にも慎重を期して、まあ、十年の単位で、構想すべきでしょう。人員も予算も知的な蓄積も。在外公館という拠り所を持たないオペレーションは、リスクが極めて高いですからね。

佐藤　しっかり情報を取れる体制を構築してほしいと思います。

五輪を標的にしたテロをどう阻むのか

手嶋　新型コロナウイルスが猛威を振るい、東京オリンピック・パラリンピックは一年間延期されることになりました。東京五輪は第二次世界大戦が欧州で始まった翌一九四〇年に予定されていましたが、これも中止になったことがあります。

佐藤　近代オリンピックが中止になったことは、夏冬合わせて過去に五回あるのですが、全部戦争絡みです。ちなみに、延期は今回が初めてです。

手嶋　世界の耳目を集めるオリンピックは、それゆえに、じつにさまざまな事件、とりわけ凶悪なテロ事件の舞台となっています。次の東京大会も、国際テロのターゲットにならない保証はありません。

佐藤　オリンピックがテロなどの標的にされやすいのは、いま指摘があったように、世界中の注目を惹《ひ》きつけ、より強烈なインパクトを国際社会に与えることができるからです。イスラエルの歴史学者、ユヴァル・ノア・ハラリが、「テロの効果」について『21 Lessons』で、次のように喝破しています。

> 毎年テロリストが殺害する人は、EUで約五〇人、アメリカで約一〇人、中国で約七人、全世界（略）で最大二万五〇〇〇人を数える。それに対して、毎年交通事故で亡くなる人は、ヨーロッパで約八万人、アメリカで約四万人、中国で二七万人、全世界で一二五万人にのぼる。糖尿病と高血糖値のせいで毎年最大三五〇万人が亡くなり、大気汚染でおよそ七〇〇万人死亡する。それならばなぜ私たちは、砂糖よりもテロを恐れ、政府は慢性的な大気汚染ではなく散発的なテロ攻撃のせいで選挙に負けるのか？（柴田裕之訳、河出書房新社、二〇一九年十一月）

つまり、ある種の「プリズム」によって、恐怖を実際の被害の何十倍、何百倍に拡大できるのが、テロという戦術なんですね。そして、その裏には、砂糖と違って必ず何らかの政治目的があるわけです。

手嶋　オリンピックという華やかな舞台でテロを演じれば、そのプリズム効果を何倍にも拡大することができる。

佐藤　そう思います。二〇二〇年の東京オリンピック・パラリンピックは延期されましたが、コロナ禍によって国際社会が混乱するなかで、大がかりなテロを企図すれば、さらにインパクトは大きくなる。その意味で、テロの可能性は高まったと心得るべきでしょう。現代のテロルの最も恐ろしい形態は、バイオテロリズムです。

手嶋　未知の細菌・ウイルスは、尊い人の命を奪うだけでなく、人間社会の経済システムをハンマーで粉々に打ち砕いてしまう。われわれは、今回のコロナ禍の前から、そう警告してきたのですが、いまやこれに異を唱えるひとはいないでしょう。

佐藤　ここで過去にさかのぼって、どんなテロ事件があったのかを振り返っておきましょう。

まず、真っ先にあげなければならないのが「黒い九月」事件です。一九七二年の八月から九月にかけて当時の西ドイツで開催されたミュンヘン・オリンピックでは、パレスチナの武装集団「黒い九月」が、選手村のイスラエル選手団宿舎を襲撃し人質事件を起こしました。

手嶋　スティーヴン・スピルバーグの『ミュンヘン』という映画にもなっています。選手とコーチ一一人を含む一二人が命を落としています。あれは、とても複雑で多義的な事件でしたね。

佐藤　こうしたケースでは、それまではテロリストの標的になるのは、開催国でした。ところが、「第三国」に対するアピールの場として、西ドイツのミュンヘンで行われたオリンピックが舞台として使われました。

手嶋　西ドイツの情報・捜査当局にとっては、完全に想定外、ノーマークだったのです。当時はドイツ当局の対テロ対策自体が、警察の警備活動の域を出ていなかった。そのため、テロリストの襲撃を許し、人質も救えないという、惨めな失敗を喫することになってしまいました。

佐藤　東京オリンピックに当てはめてみれば、カシミール問題で対立するインドとパキスタンの過激派が日本でテロを起こすなどとは誰も想定しないと思いますが、現代ではいかなる事態も起きるのだと肝に銘じるべきです。

手嶋　ミュンヘンの「黒い九月」事件では、犯人側も八人のうち五人が死亡し、三人が西ドイツ当局に逮捕されました。イスラエル政府は「自分たちに始末をつけさせろ」と犯人の引き渡しを強硬に求めたのですが、西ドイツは拒否しました。

イスラエル政府は黙ってはいませんでした。報復としてシリア、レバノンのパレスチナ解放機構（ＰＬＯ）の基地を空爆します。さらに、当時のイスラエルのゴルダ・メイア首相が、極秘の委員会を組織し、「黒い九月」のメンバーを次々に暗殺していったのです。首相の命令で殺害の手を下したのはモサドの特殊部隊でした。

佐藤『旧約聖書』の「目には目を歯には歯を」という報復法の世界でした。それらの作戦の過程で、誤爆で殺されてしまった無辜の人々もいました。

手嶋　オリンピックを利用したテロルの時代の幕は、ミュンヘンであがったといっていいでしょう。一九八〇年のモスクワ・オリンピックもまた、政治のなかで翻弄された大会になりました。発端は、前年の七九年十二月に起きたソ連軍のアフガニスタン侵攻です。西側の盟主、アメリカは、ソ連のアフガン侵攻に抗議して、モスクワ・オリンピックをボイコットするよう提唱し、日本や中国などおよそ六〇ヵ国がそれに倣いました。その報復として、次のロサンゼルス・オリンピックでは、ソ連がボイコットします。

佐藤　これには、東側陣営の各国が連帯して、選手団を送りませんでした。ワルシャワ条約機構の各国では、ルーマニアだけがモスクワの意向に従いませんでした。文字通り東西のボイコット合戦になったわけですね。

手嶋　このとき、独自路線を打ち出してロスに選手団を送ったルーマニアは、当然のことながら、クレムリンの激しい怒りを買ったわけですね。

佐藤　そうです。当時のニコラエ・チャウシェスク大統領は、ソ連に反旗を翻すことで、アメリカの支援を引き出そうとしたわけです。

手嶋　ミュンヘンの次にテロの標的になったのは、九六年のアトランタ・オリンピックでした。公園に仕掛けられた爆弾が爆発し、市民ら二人が死亡、一一二人が負傷するという惨事が起きました。実行犯はキリスト教原理主義者でした。

スポーツがらみのテロでは、二〇一三年のボストン・マラソンを挙げなければいけません。世界中が注目するこうした大規模なスポーツイベントがテロの標的になったのです。

佐藤　チェチェンの血を引く若者のテロルでした。

手嶋　ある意味典型的なと言っていい今日的なテロでした。過激な思想を抱くテロリストが密かにアメリカに侵入したのではない。アメリカで育った若者が次第に心のうちに過激な思想を育み、超大国アメリカに牙を剝く「ホームグロウン・テロ」。しかも大きな組織的な背景を持たない「ローン・ウルフ」型テロルの典型でした。

佐藤　使われたのは、圧力鍋を改造した爆弾でした。

手嶋　なかに釘などを入れて、殺傷能力を高めていました。だから、非常にプリミティブなものですが、市民三人が死に、負傷者は三〇〇人近くに上りました。犯人の一人は、郊外に逃げ込んで、大規模な捕物作戦に発展した点でも、世界の耳目を集めました。オリンピックの花形種目でもあるマラソンは、セキュリティーの面からは、警備が最も難しい競技といっていいでしょう。警備のラインが四〇キロを超えるのですから。警備はとても難しいのです。

佐藤　しかも、攻守の立場が非常に非対称になるのです。テロリストは、一瞬の隙を見て、一回事を成せば、それでいい。一方、守る側は、毎回そのアタックを阻まないと、負けになってしまう。一〇〇回のうち九九回ブロックしても、一度破られれば失敗です。だから、防衛側のコストパフォーマンスがとても悪い。特に自爆型のテロの防止は、非常に難しい。

手嶋　公安調査庁も、東京オリンピック・パラリンピックが標的とされる可能性を十分に踏まえたうえで、「『インテリジェンスの力』で東京大会の安全開催に貢献していく」と『回顧と展望』でつぎのように述べています。

東京オリンピック・パラリンピック競技大会（以下「東京大会」という。）を安全・円滑に開催することは、「世界一安全・安心な国」を掲げる我が国の責務であり、その一翼を担うべく、公安調査庁は、平成25年（2013年）9月18日、「2020年東京オリンピック・パラリンピック競技大会関連特別調査本部」を設置した。現在、同調査本部の下で全庁を挙げての情報収集・分析態勢の強化を図りつつ、当庁の最大の強みであるヒューミント（人的情報収集）を通じて、テロの未然防止や各種不法事案等の早期把握に資する情報を始め、東京大会の安全・円滑な開催に向けた各種関連情報を収集・分析し、関係機関等に随時提供している。

手嶋　東京への招致が成功したおよそ一〇日後には、「特別本部」を立ち上げ、インテリジェンス活動を開始しています。

佐藤　オリンピックに限らず、テロは爆弾や生物兵器だけが「武器」になるわけではありません。最近ますます幅を利かせているのが、サイバーテロです。

手嶋　オリンピックを狙った攻撃もありました。

佐藤　『回顧と展望』は、次のように分析しています。

近年、オリンピック・パラリンピック競技大会は、サイバー攻撃の脅威にもさらされている。特に、ロンドンオリンピック競技大会（平成24年〈2012年〉7～8月、英国）以降、その脅威は顕著となっている。

ロンドン大会では、大会の運営に支障はなかったものの、電力供給システムを狙ったサイバー攻撃等が実行された。ソチ冬季オリンピック競技大会（平成26年〈2014年〉2月）では、大会に関連するウェブサイトがDDoS攻撃等を受けて一時的に利用できなくなるなどの被害が生じたほか、リオデジャネイロオリンピック競技大会（平成28年〈2016年〉8月）では、オリンピック関係機関からの情報窃取等が発生した。さらに、直近の平昌《ピョンチャン》冬季オリンピック競技大会（平成30年〈2018年〉2月、韓国）では、開会式当日、サイバー攻撃に起因するシステムの不具合によってチケットが印刷できなくなるなど、大会の円滑な運営に不可欠なシステムが被害に遭った。

また、サイバー攻撃による大規模停電（平成27年〈2015年〉、ウクライナ）等、重要インフラへのサイバー攻撃の脅威が現実のものとなっているところ、こうした攻撃が東京大会の妨害に用いられた場合、その影響は同大会にとどまらず、国民生活に深刻な影響が及びかねないことから、特に注意を要する。

公安調査庁がオリンピックへのサイバー攻撃の脅威まで言及している点も注目してい

いのではないでしょうか。

手嶋　新型コロナウイルスの動向もあって、二〇二一年にどのような環境で東京大会が開催されるのかは不透明ですが、公安調査庁をはじめとする日本のインテリジェンス機関の実力が問われることになると思います。

第3章
あらためて、インテリジェンスとは何か？

ＡＩが「後追い」したコレクティブ・インテリジェンス

手嶋　ひと口に「インテリジェンス」と言いますが、その裾野はじつに広い。「インテリジェンスの手法」にも、さまざまなものがあることに読者も気づかれたことでしょう。金正男事件は「コリント」（諜報協力）の成果だったし、公安調査庁が編んだ『内外情勢の回顧と展望』には「ヒューミント」（人的情報収集）によって得られた貴重な情報が数多く採録されています。この他にも、通信や電子信号を傍受して分析する「シギント」、メディアなどの公開情報を分析して国際情勢の本質に迫る「オシント」、ウェブサイト上を行き交う情報を収集・分析する「ウェビント」など、現代の情報活動はじつに多岐にわたります。

佐藤　各国のインテリジェンス機関も、分野ごとに得意、不得意があって、「情報大国」といってもそのスタイルはさまざまです。

手嶋　余り知られていない事実なのですが、「バチカン市国」は、名うてのインテリジェンス強国です。ヒューミントの分野で圧倒的な強みを発揮しています。なにしろ世界中に教会組織と聖職者を配しているのですから。インテリジェンスの具体的な手法の解説も織り交ぜながら、「現代のインテリジェンス」の最前線に分け入ってみましょう。「金正男事件」で詳しく触れたように、複数の国の諜報機関が互いに協力して、機密情報を交換しあうインテリジェンス活動は「コリント」、英語ではCOLLINT（Collective Intelligence）と表現されます。

佐藤　ただ、最近頻繁に登場する「コレクティブ・インテリジェンス」は、諜報用語ではありません。人工知能（AI）の用語です。インターネット世界の用語なんですね。膨大なビッグデータを集積した「集合知」という概念です。近頃ではそちらがポピュラーになってしまったため、余計に「コリントはインテリジェンス活動の一つ」と言ってもピンとこない人が増えたように感じます。「えっ、コレクティブ・インテリジェンスには別の意味もあったんですか」と尋ねられることもあります。（笑）

手嶋　なるほど。非常にカレントな用語として立ち現れたわけですね。

佐藤　ですから、私としては、「そのカレントな言葉は、じつはインテリジェンス用語でもあるのですが、皆さんご存じですか?」と言いたいのです。伝統的なインテリジェンス分野の「コリント」と、カレントなAI用語は、まったく別のことを言っているのかと言えば、必ずしもそうじゃない。前者は、各国の情報機関が協力して情報を補って「知」を蓄積し、それを武器に現下の情勢に対処していく。一方で、AI分野の「コリント」は、情報の収集と蓄積をもっぱらコンピューターに委ねるわけですね。

手嶋　両方とも一種の「集合知」だが、情報の収集という手法が異なっている。

佐藤　その通り。前者の営みは、あくまでも「人」が主人公で先行していましたが、IT業界のAI用語は、いってみればインテリジェンス業界の用語の「後追い」なのです。

手嶋　コリントという言葉には、二つの含意があるが、あくまで「諜報協力」が本家だというわけですね。

佐藤　そう、本家だと言っていい。じつは、それは単にどちらが先かという些細な問題じゃないんです。すごく重要な事実を示唆しているんです。いまのインターネット世界、

ＩＴ業界、ＡＩの分野は、すべからくヒューマンなものの延長線上に構築されている、という事実を我々に再認識させてくれています。

手嶋　それは、皮肉にも、自動化、ＡＩの対極に位置します。

佐藤　まさしくその通りなんです。

アップルとウィンドウズの違いを見てみましょう。アップルのデザインは、かじられたリンゴの実です。ここからは非常に無神論的な雰囲気が伝わってきます。創世記のなかでは、リンゴは知恵を象徴する樹の実です。それを人類がかじっている。そこから罪が生まれてくるというイメージでしょう。

ウィンドウズでは「アイコン」というでしょう。あれは非常に神学的です。アイコン自体、イコン（聖画像）を拝むのではなくて、その背景にあるコンテンツです。だから、イコンに描かれたキリストの絵ではなくて、その背後の神の存在が崇拝の対象であるとした。この発想でウィンドウズはつくられています。これはビザンツ帝国（東ローマ帝国）で八～九世紀に起きたイコノクラスム（聖画像破壊運動）のときの神学論争との類比で考えてみるといいでしょう。イコンは偶像だと批判する人たちに対して、正統派は我々はイコンを拝んでいるのではなく、イコンを窓として考え、その奥にある神を想起して拝んでいるのだと主張しました。

手嶋　ＡＩを巡っては、やがて人類がそれに支配され、奴隷のような存在になってしまうという議論も起こっています。

佐藤　ところが、意外にも、とてもヒューマンなものと結び付いている。

手嶋　佐藤さんはいま、非常に深い考察を披露してくれています。ただ、あまりにも根源的な、哲学的な命題を含んでいますので、読者向けにいま少し分かりやすく道案内をお願いしたいと思います。

まず、インテリジェンスの世界で膨大な生のデータがどう処理されるのかを押さえておきましょう。おびただしい生データは、インフォメーションと呼ばれます。インテリジェンス・オフィサーは、それを分析し、真贋をふるいにかけ、彫琢して、事態の本質を窺わせる情報を紡ぎだしていきます。こうした営為の果てに現れるのが情報のエッセンス、すなわち「インテリジェンス」です。ＡＩにとっても、「ビッグデータ」が即「集合知」ではないはずです。事態の本質を紡ぎだすにはＡＩによる営為が必要となる。

そう考えてよろしいですか。

佐藤　分かりやすい対比を示してくれました。膨大で雑多な「インフォメーション」は、経験を積んだインテリジェンス・オフィサーが料理して、つまり選り抜き、評価・分析して、初めて貴重な「インテリジェンス」に加工されます。ＡＩの場合は、この営為をコンピューターの「アルゴリズム」にやらせるということなのです。だから、「ビッグデータ＋アルゴリズム」で初めて集合知になる。ただ、そのアルゴリズムを組み立てるのは、もとを正せば、他ならぬ人間の智慧です。だから、人間のつくったアルゴリズムが、間違えていたり、ピントがズレていたりすれば、肝心の集合知も歪《ゆが》んでしまうわけです。

手嶋　結局は、「人知」がカギを握っている。いまだに完璧なアルゴリズムなどあり得ないはずです。ひとの智慧はやっぱり貴重だと思っていいですね。

佐藤　その通りです。同時に、そのアナロジカルな構図から、「先輩」であるインテリジェンスの方にフィードバックさせて考えてみると、「インフォメーション」の量という点では、ＡＩの集合知には到底かないません。そもそも、情報機関が集めてくるインフォメーションは、生のインフォメーションの段階で、一定程度の取捨選択が行われています。

手嶋　コンピューターで処理する際のように、機械的にデータを収集するわけではありませんからね。

佐藤　あえて付け加えると、「インテリジェンス」と「インフォメーション」も、必ずしも二項対立的に考えるのではなく、スペクトラムで考えたほうが正確だと思います。国家の意思決定を委ねられた政治指導者に渡される、内容の濃い「インテリジェンス」は、往々にしてA4判一枚の世界です。膨大なインフォメーション群は、「インテリジェンス」のフィルターを幾重にも経るうちに、だんだん濃い色あいに変わっていく。そんなイメージでしょうか。

他方で、AIのほうは、情報をひたすらランダムに集めてきます。ただ、その情報収集が完璧かというと、じつはそうではないんです。的確なアルゴリズムさえあれば、膨大な情報の海のなかから有益な情報のみを拾い上げることができる。そう思われがちですが、それ以前のところでどうしてもバイアスがかかってしまう。どうして、そんなことが起きるのかといえば、まったく電子化されていない情報は、ほとんど入ってこないからなんです。

手嶋　確かに、そこがＩＴの泣きどころですね。人であれば拾えるはずの情報も、手水から漏れてしまう。そう説明してもらうと、「コレクティブ・インテリジェンス」の理解も深まります。

佐藤　このようにインテリジェンスの世界では、ＡＩの集合知が形成されるより遥か前から「コリント」、つまり諜報協力が行われてきました。ただ、今日のように「コリント」が本格化したのは、東西の冷戦構造が崩れてからのことです。それまでの情報機関の活動は、友好国、同盟国の間であっても、一定の加工された情報こそ共有されるものの、生の情報のやりとりはかなり制限されていたのが実情です。

東西冷戦が崩壊したのを機に、「あの分野では敵対していても、この分野では協力する」という形のコリントが活発化していきました。先鞭をつけたのは、米ロ両超大国でした。

手嶋　冷戦が終わったとたんに起きた湾岸戦争では、イラクのサダム・フセイン軍は、米ソによって共通の敵となりました。各地にアメーバのように増殖する国際テロ組織も同様です。敵のありようが変化したのですから、コリントの素地がぐんと広がったわけですね。

佐藤 さらにいえば、コリントは、国と国との間だけで行われるわけではありません。

手嶋 国内の情報機関同士の協力は、もちろんあります。ここまでの話にも出てきたように、必ずしも「全面協力」ではないのですが。(笑)

佐藤 冷戦後の世界の状況は、国内の情報機関同士の協力も促すようになりました。それまで、ずっとお互い牽制し合っていた、さらに言うなら、反目し合っていた国内の情報機関も、状況に応じて連携するようになってきました。大きな流れとしては、そういう変化が起きたと思います。

優れたインテリジェンス・オフィサーの条件

手嶋 ヒューミント(HUMINT:Human Intelligence)は、その名の通り、「情報要員が人に接触して情報を収集する「インテリジェンス・オフィサー」が情報源に直に接触して話を引き出したり、重要情報にアクセスできる協力者を育てたりすることをいいます。結局のところ、珠玉のような情報は、人と人が触れ合うことを通じて生まれてくる、これが僕の持論です。

佐藤　この分野は、人工知能では代替できないんですよ。

手嶋　金正男事件では、確かに公安調査庁とMI6の「コリント」が大きな成果を挙げました。しかし、これとても、公安調査庁の地道なヒューミントが実って、MI6との間で人間的な信頼の絆が生まれていて、初めて可能となったのです。

佐藤　確かにそうなのですが、人と人の絆がなければ、貴重なインテリジェンスは生まれないかといえば、必ずしもそうとも言えないのです。

手嶋　そこがインテリジェンスの世界の面白いところですね。逆説的にいえば、優れた分析には、必ずしも、優れたヒューミントを必要とせず。ここは、佐藤さんの出番です。イスラエルで起きた象徴的な事例を紹介してください。

佐藤　この伝説のインテリジェンス・オフィサーは、シリアの政権内部に超一級の情報源を擁していたと思われていました。イスラエルの情報機関の「ケース・オフィサー」だったのです。「ケース・オフィサー」というのは、重要な情報源を運営する人のことを言います。

手嶋　つまり、シリアに情報源を育てて、そこから重要情報を引き出す「ヒューミント」活動をしていたわけですね。

佐藤　そう思われていたのです。この情報源からもたらされる情報はとにかく圧倒的に正確でした。この人間がなぜ捕まったのか。皮肉なことに、シリアが今後どう出るかといった「未来予測」が当たる。むしろ当たりすぎる。これはどうもおかしい。もしかするとシリア側に取り込まれているのではないか、という嫌疑をかけられたわけです。防諜当局が、この男の家宅捜索をしたところかなりの額のカネが出てきた。

手嶋　本来は、その金は、情報源に報償費として渡されるべきカネだったんですね。

佐藤　そうなんです。なにしろ、貴重な情報源は幻、存在しなかったのですから、カネも渡しようがない。かれは、本来、「オシント」の人間だったんですね。「オシント」（ＯＳＩＮＴ）は、Open-Source Intelligence の略。メディアなどに公開された情報をべースに、情勢の分析を行って、敵がどう行動するかを言い当てるインテリジェンス活動をいいます。

手嶋　公開情報を分析しても、的中すればいいようなものですが、上層部は、シリア政府部内で運用している「情報源」が、こう出ると言っていると報告する方が、そりゃ説得力がありますからね。

佐藤　ところが、この男は、もともと「オシントの分析官」として、報告書をあげていたのですが、上層部は誰も見向きもしなかった。そこで、ケース・オフィサーを担当することになると、架空の情報源をつくりあげて、さもそこからすごい情報を引き出しているような体裁にして極秘情報を送ってみた。たちまち、これはすごい「ヒューミントだ」と評価され、重用されるようになったわけです。

手嶋　貴重な「情報源」を運用しているのですから、それなりの費用もかかるわけですね。（笑）

佐藤　そう、それで当局から金を受け取っていたのですが、本当は誰からも情報をもらっていないのですから渡す相手がいない（笑）。それで仕方なく、自宅の引き出しにそ

のまま入れていたのです。私腹はまったく肥やしていなかった。その点はなかなか偉いと思います。(笑)

この事件がモサドに与えた衝撃は非常に大きなものがありました。ヒューミントによる「極秘情報」を重視するあまり、「オシント」能力に秀でた分析官をちゃんと処遇できなかった。それが結果的にこういう事件に結びついたという反省から、「オシント」に携わる分析官の地位の向上が図られることになったのです。

手嶋　インテリジェンスでは「オシント」侮るべからず!

佐藤　このケースは、「出来すぎ」がアダになったのですが、本来、インテリジェンス・オフィサーがクライアントである政治指導者から信頼を勝ち取れるかどうか、その基準は、どの国でも、たった一つ。それは、近未来予測を精緻に行えるかどうかです。

手嶋　インテリジェンスは、近未来をぴたりと言い当てる技だといいますが、それは政治リーダーにとっては、頼もしく見えるでしょうね。

佐藤　まさしくそうです。近未来の予測ができれば、情報の取り方は、ヒューミントでもオシントでも、何でもいいのです。鼠《ねずみ》を捕るネコは白でも黒でもいいのです。

二〇一九年に国家安全保障局長に任命された北村滋氏は、それ以前、一一年暮れに当時の民主党野田佳彦政権時に内閣情報調査室長に起用されて以降、ずっとその職にありました。

手嶋　すでに論じたように、内閣情報調査室長、すなわち内閣情報官というのは、日本のインテリジェンス・コミュニティーの取りまとめ役に当たります。政権交代があってもその地位にとどまったというのは、いかに歴代総理の信任が厚かったかの証左です。

佐藤　通常なら政権交代とともにそれまで重用されていた役人は排除される傾向にありますが、有能であれば政権交代すら乗り越えます。

週刊誌情報だと、内調が世論調査、選挙予測をしているという。選挙予測を外していないというのが、北村氏が信任を獲得し続けている大きな理由だ、とその雑誌には書いてあり、説得力がありました。選挙に勝てるか否か。これ以上に重要な未来予測など、どの政治家にとってもあり得ません。

手嶋　特に安倍総理は、「ここぞ」というタイミングで衆院を解散して総選挙に打って出ては、連戦連勝でした。どうしても、側《そば》に置いておきたくなる人物という気持ちは、痛いほど分かります。

佐藤　肝心の選挙で正確な予測ができれば、他のことを任せても大丈夫だろう。政治家はそう考えるはずです。

拡大するウェビントの機能

手嶋　公開情報をベースにする「オシント」に対して、「シギント」（SIGINT：Signals Intelligence）は、通信や信号などを傍受して、情報を収集・分析するインテリジェンス活動です。情報衛星による画像の収集・分析といった分野なら、日本はミドルクラスの大国に引けを取らないレベルにあると言っていいでしょう。情報衛星の数では、超大国のアメリカや新興の衛星大国、中国には及びませんが、朝鮮半島の動向を監視するなら、世界でも有数と言っていいでしょう。

佐藤　ただ、インテリジェンス活動の全体を俯瞰してみると、「シギント」とか、画像を分析する「ヴィジント」（VISINT：Visual Intelligence）のウェートは、以前と比べるとかなり落ちてきていると思います。理由は、インターネットを活用した「ウェビント」（WEBINT：Web Intelligence）の重要性が高まり、かなりのことが可能になったからです。

従来なら、北朝鮮の核開発の状況を上空から監視しようとすれば、情報収集衛星を使って掴むしか方法がありませんでした。ですから、高度な衛星を持っている国が圧倒的な優位に立っていました。ところが最近では、グーグルアースを誰でも見ることができます。しかも、かなりの解析度で北朝鮮の核ミサイル実験場も、中東の「イスラム国」の秘密基地も上空から眺められるようになりました。もちろん、無料でアクセスする場合は、リアルタイムの動画を入手できるわけではありませんが、それでもかなりの情報を手に入れることができる時代になりました。

手嶋　確かに、ITによる「監視」の網が広がりましたから、インテリジェンス活動も日々変革を迫られています。山本五十六提督が立案した真珠湾攻撃も、いまなら、択捉島の単冠湾を機動部隊が出た瞬間に衛星で捕捉されてしまうでしょう。奇襲という概念そのものが、もはや死語といっていい。

佐藤　二〇一九年の末に、保釈中だったカルロス・ゴーン元日産会長がレバノンに逃亡しました。どうやって出国したのかが謎だとされていました。あの時、『文藝春秋』にある覆面作家が、カルロス・ゴーン氏は、米軍機に乗って日本から出たのではないか、とほのめかす内容の憶測記事を書きました。この筆者は「素人中の素人」であることをさらけ出してしまった。こういう噴飯ものの話が、著名なメディアに堂々と掲載されてしまう。ちょっと恐ろしささえ感じてしまいます。

いまではすべての航空機の航路がトレースできます。船舶も同様です。それらのデータは、全部、ウェブサイト上で確認できます。旅客機だろうが、プライベートジェットだろうが、軍用機だろうが、秘かに飛行することなどできないのです。ゴーン氏が米軍機に乗って逃げたのなら、それは百パーセント捕捉されるはずです。実際、C一三〇輸送機が秘かに北朝鮮に飛んだときには、その航路がトレースされ、日本政府が照会したら、これについては答えないほうがいいということがあったくらいで。

手嶋　メディアもITの急速な進歩に対応できていないのでしょう。その一方で、ウェブは、インテリジェンス機関がサイト上に出回る公開情報を収集する有力なツールであると同時に、しばしば、国際テロ組織が、大がかりなプロパガンダを展開する武器にもなっています。

佐藤　ユーチューブを使ってそれを盛んにやったのが、「イスラム国」（イラク・レバントのイスラム国＝ＩＳＩＬ）でしたね。

手嶋　人質にとった外国人を殺害する映像を流して、国際社会に衝撃を与えました。日本人も捕らえられ、メッセージを無理やりしゃべらされた末に殺害される事件も起きています。

佐藤　テロリストたちが、自らウェビント工作を仕掛けてくるケースが増えていますね。こういう場合には、彼らのプロパガンダの真意を正確に見抜くことが大切です。彼らお得意の「疑似命題」の落とし穴にはまらないことが重要になります。「疑似命題」というのは「一見意味があるようで、じつは無意味な命題」のことをいいます。二〇一五年に日本人二名を人質にした時、彼らは「七二時間以内に二億ドルの身代金を支払え」と要求したことがありました。国内メディアは「身代金の支払いに応じるべきか否か」という議論を繰り広げたのですが、これは「疑似命題」の典型でした。身代金を銀行振り込みにするわけにもいかず、二億ドルもの現金をデパートの手提げ袋に詰めて運べば、一〇〇ドル紙幣でざっと四〇〇個ぐらいになります。身代金の受け渡しに欠かせない「秘かなやり取り」などできるはずがない。「疑似命題」に惑わされてはいけません。

手嶋　つまり、テロリストたちは、初めから身代金など求めてはいなかった。案の定、その後、彼らの要求は変わってしまった。結局、二人とも殺害されてしまいました。

佐藤　他の欧米人の捕虜などと同じ運命を辿りました。そうやって、自分たちの力を見せつけ、国際社会に恐怖を植えつける。最初から、それこそが彼らの目的だったとみるべきだったのです。

手嶋　「ウェビント」の急速な広がりによって、インテリジェンス・オフィサーには、従来とは質の違う能力が求められる時代になっている。日本の情報機関も、時代の変化に即応して自己変革を進めていかなければと思います。

佐藤　そう思います。

情報組織にも「文化の違い」がある

手嶋　佐藤さんは、クレムリンという権力の奥の院に食い込んで活躍したインテリジェンス・オフィサーですが、間もなく「勤務評定」が下されるんですね。

佐藤　その通りです。僕たち外交官だった者にとってはいわば「神の審判」が下ることになります。

手嶋　外交文書の「三十年ルール」に従って、佐藤優公電の原文が、あと二年ほどで公開される。これは楽しみですね。

佐藤　手嶋さんのような外交ジャーナリストにとってはそうかもしれませんが、ぼくらは歴史の審判を受けるわけですから、心穏やかではありません。

手嶋　でも、佐藤さんは、公電の筆を執るときには、こころのどこかで歴史に相対するという気持ちを持っていたと思います。

佐藤　やはり、事実をきちんと後世に残しておきたいという気持ちはあったと思います。

ですから、公電を書く時には心がけていたことがありました。相手との重要な話は、原則として「問答式」で記録するようにしました。相手がしゃべったことは、もちろん、正確に文字に起こす。「こういう理解でいいのですね？」という問いに「その通りだ」と反応があった場合には、そのやり取りも正確に書くわけです。いま言ったようなやり取りを、最初から相手が発言したかのような体裁で公電をつくる外交官も結構いるんですよ。

手嶋 ジャーナリストの場合も同じです。「これでいいんですね？」と持ちかけて、頷《うなず》くとその人の発言にして報道してしまう。相手の直話は、全体の文脈のなかで正確に、公正に書く。そうしなければ結局読者の信頼を繋ぎとめることはできません。

佐藤 少なくとも、外務省の文書の場合には、問答式になっているものは正確で、信頼性が担保されていると考えていいと思います。

余談ですが、検察庁ではそうではありません（笑）。検察がつくる文書は、被疑者の一人称で「私は――」とずっと綴《つづ》られています。鈴木宗男事件に連座した私を取り調べて、事件自体が「国策捜査」であることを教えてくれた西村尚芳検事に「どうして、検察は問答式にしないのですか？」と聞いたことがあるのです。

手嶋　佐藤さんと真剣勝負で丁々発止の攻防を繰り広げながら、人間的にも能力的にも評価すると佐藤さんが評した検事さんですね。

佐藤　その西村検事の答えは「問答式にする時もあります。ただし、その部分は、検察庁が同意していない、という意味になる。すなわち、被疑者が嘘をついていると思われる部分は、あえて問答式にするのです」というものでした。一問一答になっていたら、「この人は嘘をついているよ」という裁判官へのメッセージになるわけです。

手嶋　官僚機構の組織文化の違いが窺えてとても面白い。

佐藤　そう、組織文化が違うとしか言いようがありませんね。外務省の場合には、問答形式になっているほうが信頼感が増す。だから、首脳会談の記録は、全部問答形式の「ベタ起こし」になるんです。

手嶋　ただ、たとえば日米首脳会談でも、日本側の公電はすべて日本語の一問一答になっていますね。より正確を期すのなら、トランプ発言は英語でも記録に残していいはずですが、そうはなっていません。

佐藤　とくに重要な部分については、例外的に原文を少し入れたりもしますが、おっしゃる通り、原則は日本文だけです。その理由は、じつは、ノートテイカーがきちんと機能していないからなんですよ。

海外の要人との会談の場合、首脳の他に通訳とノートテイカー、それに助言者というのが、通常の出席者になります。ところが、局長以上の偉い肩書を持った人間が、このノートテイカーとして、会談に入りたがるんです。

手嶋　首脳会談の人数が絞られる場合は、外務省のナンバー2である外務審議官が、ノートテイカーとして加わることも珍しくありません。

佐藤　ところが、そういう「ベテラン外交官」だと、年齢のせいで反射神経が鈍くなっている。そのうえ、ふだんはメモを取る機会も少ないですから、まともにノートテイクができないんです。

一方、通訳は、記録をとることが責務ではありません。通訳をこなしながら、記録を取るのは至難の業です。若くしてアラビア語を習得し、天皇陛下や総理の通訳を務めた外交官の中川浩一氏が『総理通訳の外国語勉強法』という本を出しました。そのなかで彼は「メモを取るな」と書いています。キーワード以外は書くなというのです。メモに頼るとまともな通訳ができなくなる、と。ロシア語の同時通訳をやっていた米原万里さんにも直接同じ話を聞いたことがあります。だから通訳が終わってしまえば、話の中味はまったく覚えていない、と。むしろ、前の話は頭から追い払わないといけない。

手嶋　とりわけ、同時通訳は、反射神経で次々に訳していくんですね。

佐藤　ところが、外務省のノートテイカーがいまお話ししたような事情でちっとも機能しないため、外務省の通訳は、「通訳兼ノートテイカー」というつらい役目をこなさざるを得ないのです。記憶力に天賦の才がある人でないと、完璧な記録は無理ですので大変です。いきおい、公表されるので会談記録は、もどかしさが残るものになってしまう。通訳と同じくらいの二十代後半、三十代前半くらいで、反射神経のいいノートテイカーを育てれば、相手の発言を精緻に記録して、英語でもしっかりノートに取れるのですが。

手嶋　外交交渉、とりわけ首脳会談で何が話し合われたのか、これは国益に直結しますから、反射神経が衰えたでは済みません。

佐藤　記憶の話で思い出しましたが、自衛隊の情報関係の学校では、記憶力と再現力の訓練を徹底的にやっています。公安調査庁のように、運用能力を鍛えるというより、聞いた話を正確に記憶する訓練を徹底してやる。五〇分の講義を受けて、一〇分でそれを再現するというパターンです。これは戦前の旧軍の行軍に倣っているんだそうです。完全武装で五〇分行軍して、一〇分休む。

手嶋　記憶の訓練については、おそらく陸軍中野学校のカリキュラムを参考にしているのでしょう。

佐藤　中野学校では、メモを一切取らずに聞き、ひたすら相手の話を聞いて、それを復元することを徹底して仕込みましたから。短期速成なのですが、なかでも記憶力を鍛えることに集中して取り組むわけです。軍事に関わるインテリジェンス活動では、とにかく自分の目で見たものを記憶に刻みつける、聞いている話を覚えておく、それが重要だからなんです。

手嶋　同じインテリジェンス活動でも、政治、経済、軍事といった領域によって、インテリジェンス・オフィサーに求められる資質は随分と異なることがよく分かります。

情報提供者に「値札」を付ける

佐藤　年齢の話でいえば、インテリジェンス・オフィサーにも当てはまります。イスラエルの伝説的なスパイだったウォルフガング・ロッツが、『スパイのためのハンドブック』に書いているように、やはり、その職業に適した年齢というのはあるんですよ。

手嶋　体力、気力と経験値の兼ね合いが大切になりますね。

佐藤　インテリジェンス・オフィサーの場合は、四十代も半ばを過ぎると、管理部門の仕事はいいとしても、第一線でケース・オフィサーの仕事をこなすのは、反射神経も鈍ってきますから、さまざまな意味でいささか危ないですね。

ロートルばかりの外務省では、やはり限界がありますね。私の場合は、ソ連が崩壊する混乱期にモスクワに在勤していたこともあって、若い三等書記官の時から、あまり上司のことは気にせずに、わりと自由にやらせてもらったのがよかったと思います。通常は参事官になるまでは、会食の経費も出ないのです。そのため、人に会って情報を収集する手習いが四十二、三歳の参事官くらいから始まるわけで、それでは体力的にもう遅いですね。

手嶋　それにわれわれジャーナリストと違って、外交官の場合は、カウンターパートが、階級によって決まってしまうこともあり、佐藤さんのように若い時から有力な人脈を築くことが難しい側面もありますね。

佐藤　やはり、現場のオペレーションは、三十代から四十代初めくらいが主力にならなければいけませんね。その点でも、公安調査庁のシステムは、じつによくできている。

手嶋　公安調査庁の職員は、これまでに見てきたように、職務上の肩書は別に、警察のような階級はありません。最初から、全員がフラットな調査官ですから、早い時期から自分が責任をもって人に会って話を聞き出してきます。最初のうちは、安い居酒屋の個室かもしれませんが、それにしても経費はちゃんと出してくれる。

佐藤　公安調査官は、初めから、システマチックに現場調査の訓練を受けますから。

手嶋　自分が担当した調査の評価も、比較的公正で客観的です。提出した調査報告は、官邸などにあがったレポートについては、三段階で評価され、昇給や昇進に反映される仕組みが確立しています。自分の調査報告は実際にどのレベルまで上がったのか、その職場によって、本人に教える場合とそうでない場合はあるようです。いずれにしても、自分の調査報告が、政策の決定権を持つ者にあがっているという事実は、最前線の調査官のモチベーションを保つうえでは、大きな力になると思います。「あなたのレポートは、総理に近いところまで届きました」――この事実を通じて、自分が政府の「インテリジェンス・サイクル」のなかに確かにいると実感できるのですから。

佐藤　インテリジェンスの実務に携わった人間から言わせてもらえば、金銭的な見返りは、一〇〇〇円でも一〇〇〇円でもいいのです。自分が苦労して取った情報が役に立ったという達成感に優るものはありません。

手嶋　とりわけ、近未来に生起するかもしれない出来事をたとえわずかでも予測するような「インテリジェンス・レポート」が上層部に上げられたら、それは調査官冥利に尽きるでしょう。

佐藤　ヒューミント活動を行うオフィサーは、調査報告のなかで未来予測に踏み込むだけでなく、自分が発掘した情報源に対しても未来予測のメッセージを向ける必要があります。

手嶋　それは、情報源と適切な距離を保つという意味ですか。

佐藤　そう、もし、あなたが自分を裏切った場合には、いったい何が起こるか分かっているなと暗に伝えておくことが重要なんです。自分の情報源との間でもそうしてメッセージを時折送っておかなければ、情報源がだんだん友達のような感じになっていく危険があるわけです。

手嶋　そうなってしまえば、情報を引き出す目も曇ってくるし、下手をすれば罠《わな》にはめられる危険もあるわけですね。

佐藤　その通りです。最悪の場合に、自分はどこまで窮地に陥るか。そういうシミュレーションをきちんとしておくことも必要なのです。かのウォルフガング・ロッツは、インテリジェンスをやっているうちに、一人ひとりの人間に「値札」がついて見えるようになってくると表現しています。普通の友人や仕事仲間などと違って、情報源として付き合っている相手には、しだいに値札が見えてくる。それはつまり「この人間からこれくらいの情報を引き出すには、いくら払えばいいのか、そんなコストがかかるのか」ということが分かってくる。ひどく冷酷に聞こえるかもしれませんが、この値札を情報源にきちんと付けられるようになって初めて第一級のヒューミント・オフィサーと言えるわけです。

インテリジェンス・オフィサーに必要な語学力とは

手嶋　さきほど通訳の話が出ましたけれど、海外の情報にアクセスするインテリジェンス・オフィサーにとって語学力は欠かせません。同時に日本語できちんとしたレポートを綴る必要もありますから、同時通訳とはまた違った文章能力も求められます。かつてインテリジェンス・オフィサーだった経験から、どのような「学力」を身につければよいと思いますか。

佐藤　結論から言えば、もっとも大切なのは、やはり日本語の力です。やる仕事の中味にもよりますが、外国語の力はそんなに要らない。

手嶋　佐藤さんにそう言われても、若い方々は安心できないと思います。語学力は「要らない」といっても、そのハードルは相当に高いのではありませんか（笑）。外国人から秘密の話を聞き出すにも、公開情報を読み解くにも、外国語はかなりできなければ通用しないのではありませんか。

佐藤　現実問題として、理想的な語学力を身につけるのには、相当な時間とお金と、もちろん能力が必要で、それこそハードルが大変に高い。しかし、それぞれが持っている語学力の範囲でできることはかなりある。こう言ったほうが、正確かもしれません。

当然のことながら、語学力の習得にはステージがあります。普通に挨拶ができるくらいのところから、きちんと学術書や文学書を読んで、それに関する議論ができるレベルまでじつにさまざまです。ラストステージである文学書までクリアすることは、インテリジェンス・オフィサーには、通常必要ありません。

手嶋　ならば、在外公館で仕事をするには、具体的にどの程度の水準が求められるのでしょうか。

佐藤　新聞を正確に読むことができ、テレビのニュース番組を聞いて理解できるレベルです。語学力を身につけるのは本当に大変です。ある組織が本気でやろうというのなら、最低限、外務省が現在やっているような海外への留学制度を採らないと難しい。

手嶋　外務省では、新人として採用した後、通常は大学院の修士課程などに派遣して二年間は語学を含めて学ばせていますね。

佐藤　それだけでは、まったく足りません。まず、本省で一年、東京外国語大学の三年生レベルくらいの基礎を固められるプログラムを勉強させた後、二年から三年留学をさせて、帰国してから実務に三年ぐらい就ける。それでも、本当に使えるようになる人材は、全体の二割ぐらいです。

手嶋　外国語に適性があるはずの人材を採用している外務省でも、取れ高はたった二割なのですか。ちょっと意外な気がします。

佐藤　ロシア語はかなり難しい部類に入りますから二割ぐらい。アラビア語は、もう少し歩留まりが低いと思います。

手嶋　イギリス外務省でも、アラビア語とロシア語はもっとも難しいカテゴリーだとして特に適性のある人材を専攻させると聞いたことがあります。

佐藤　日本語の体系からは、アラビア語とロシア語は遠いですから。逆に朝鮮語などは、日本人にとってはそんなに大変ではありません。
外交の最前線で使える人材を育てる難易度の高さは、金額に換算すると分かりやすい。高度な外国語を操れる専門官をつくるためには、一人につき三〇〇〇万円から五〇〇〇万円くらいの予算を注ぎ込む覚悟がないとダメなのです。

手嶋　若い研修生をただ海外に出せばいいというものではない。教育システムの整った、優れた教師の揃《そろ》っている、授業料も高い学校に送り込まなければいけません。

佐藤　英語以外で外務省の専門官レベルの語学力を目標とするならば、研究環境が外交特権で保護されたうえに、ネイティブの一流の家庭教師を何人も雇い、寮などではなくちゃんとマンションを借りて、大学の先生などを接待できるお金が手元に用意されている、というくらいの環境でなければ。そういうふうに鍛えたら、同じ二年間でも全然違います。
外務省でも、そういうレベルの語学力を持った人間は一部に限られます。多くは、英語なら英検の準一級ぐらいを確実に取っておいて、その実力の範囲で仕事をする。それが現実的なのです。逆に言えば、あまり語学重視に走るのは問題だと思います。

手嶋　確かに、アラビア語やロシア語にものすごく堪能な人が、ヒューミントで優れた情報を次々に引き出せるかといえば、必ずしもそうではありません。

佐藤　一般論で言えば、むしろ両者はトレードオフの関係にあると言えます（笑）。語学の習得には、基本的に人間関係は必要ありません。ある程度集中して、文法と単語を覚えるわけですから、インドア派で、あまり人とコミュニケーションを取らないタイプの人のほうが、習得は早いのです。

手嶋　では、佐藤ラスプーチンは、どうだったのでしょう。その相反する二つの要素を武器にして、クレムリンから第一級のインテリジェンス・オフィサーとして認められたのですから。

佐藤　まず、私は、世間で思われているような社交的な人間ではありません。できれば、家に閉じこもって本でも読んでいたいといったタイプの人間です。それにロシア語は一生懸命に勉強しましたが、ロシア語で書かれた現代小説を日本語に訳せるかといえば、私には無理ですと答えざるをえませんよ。

手嶋　公安調査庁でも、若い調査官は、これからどんどん在外公館で調査の仕事をしたり、外国の研究機関に出向したりするケースが増えていくと思います。彼らの活動の範囲は急速に広がっていますし、今後も広がっていかざるを得ないと思います。そろそろ、海外要員を育てるための「英才教育」を考えるべき時期に来ていると思います。

佐藤　その通りだと思います。たとえば、「ロシアの問題だったらこの人」という各国の人間が集まる、国際的なネットワークがあるのですから、そうした研究機関に、たとえ一人でもいいですから派遣して、将来の人材を育成すべき時期に来ています。そういう人材を主要国のさまざまな分野でも育成していくべきです。

手嶋　公安調査庁は、戦後ながく在外の情報機関を持たなかった日本のインテリジェンスの欠陥を埋める役割を担い始めています。納税者の理解を得ながら、予算さえ付ければ、世界に通用する人材を育てることは十分に可能なはずですし、またしなければいけません。

佐藤　簡単な方法としては、外国の研究機関やシンクタンクに若い人たちを派遣して、研修してもらうのがいいでしょう。とにかく、外務省がやっているような仕組みを組織的に整えることが急務だと思います。

第4章

「イスラム国」日本人戦闘員の誕生を阻止

衝撃を与えた「北大生シリア渡航未遂事件」

手嶋　公安調査庁の業務が、同じ国家公務員の公安職員でも警備・公安警察などとは、随分と異なることは詳しく見てきました。ただ、具体的な調査・監視活動の詳しい中身は公にされることがほとんどありませんでした。

その意味で、「2014年8月頃、シリアで戦闘を続けていた『イスラム国』に外国人戦闘員として加わる目的で航空券を購入したり、『イスラム国』側と連絡を取り合ったりして渡航を計画した疑い」（『読売新聞』二〇一九年七月三日付）で北大生らが警視庁公安部に書類送検された事件は、公安調査庁の情報活動を理解するうえで、大変に参考になると思います。

この北大生は、結局、「渡航直前に警視庁公安部が元学生の自宅などを同容疑で捜索し、旅券などを押収したため、渡航できなくなっていた」（『読売新聞』二〇一九年七月三日付)。しかし、中東全域で「イスラム国」(「イラク・レバントのイスラム国」=ISIL)の組織は不気味なほど拡大を続けており、残虐な振る舞いも報じられていましたから、それに身を投じようという若い日本人がいたという事実は、社会に強い衝撃を与えました。

佐藤 当時「イスラム国」には、欧米をはじめとする世界各国から戦闘員を志す人間が集まってきていたのですが、まさか日本人までと驚きました。

手嶋 この事件が明るみに出ると、「なぜ、そんな行動に?」と動機に注目が集まりました。国際社会を敵に回して戦う「イスラム国」に身を投じようというのですから、さぞかし強固な信念に裏打ちされているはずと誰しも思ってしまいます。しかし報道によれば、渡航の計画段階で周囲には「イスラムに関心はない」(『産経新聞』二〇一四年十月二十八日付)と漏らしていたということです。

佐藤 同年十月十四日のウェブ版の「論座RONZA」(朝日新聞社)に、ジャーナリスト川上泰徳氏がこう書いています。なお、文中には個人名が出てきますが、この事件は不起訴になったのでA氏とします。

今回の北大生の「イスラム国」渡航未遂事件で見えてくるのは、「イスラム国」に入ろうとする北大生に、イスラムについての思想的な背景や組織的な背景などが希薄で、どうも現実感が薄いことである。イスラムの教えや現地の事情を知ったうえでの覚悟かと思えば、イスラム教には7月にA氏の立ち会いで入信したばかりで、イスラムについての知識も、中東についての知識もほとんどなく、アラビア語も勉強し始めたばかりという。

手嶋 確信に満ちたイスラム戦士といったイメージからは程遠かったわけですが、警視庁公安部の任意聴取に「戦闘になれば人を殺すつもりだった」(『産経新聞』二〇一四年十月二十八日付)と述べたそう。就職に失敗したため死のうと思って「イスラム国」入りを考えたという報道もありました。

佐藤 A氏は、「人生は面白く生きて面白く死ねばいい。死にたいという人には『いいところがある』と伝える。ただ、普通は実際に行かないだろう」と、『朝日新聞』(二〇一四年十月九日付）のインタビューで答えています。

手嶋　ということは、現実政治への不満を背景に「イスラム国」に参加した海外の若者たちとは、少し事情が違っていたとみていいのですか。

佐藤　いや、必ずしもそうは言えないと思います。テロリズム研究の国際的な権威で、テルアビブに国際カウンター・テロリズム政策研究所（ＩＣＴ）を設立したボアズ・ガノールというイスラエル人の学者がいます。あの九・一一同時多発テロの前に、「近未来にアメリカ本国かその同盟国で、国際テロ組織アルカイダが、奇想天外な方法で大規模なテロを起こす」と警告していた人物です。私も会って意見交換したことがあるのですが、そのガノール氏が、「イスラム国」の徴募に応じた人間には、自殺志願者が非常に多い、と述べているのです。この一件があった直後のことなのですが。

手嶋　なるほど、思想信条というよりは、「どうせ散るなら」という気持ちで馳《は》せ参じる人間が少なくないのですね。この北大生は例外というより、一種、典型的なＩＳＩＬ戦士ということになりますね。

佐藤　Ａ氏は、これが明らかになる前に、『文學界』にシリアの反政府勢力の「解放区」に入域したときの手記を出しているのです（二〇一四年七月号）。
そこで、「大地を人類に解放するカリフ制の再興のためにジハードに身を投じて殉教するべく、持ち家を処分して私はホームレスになった。仮の住まいは地球の全土。帰る我が家は天の楽園」と記しています。

古書店を舞台にしたリクルート

手嶋　この事件を、もう少し前の段階から追ってみましょう。北大生がA氏と接触する舞台になったのは、東京・外神田の秋葉原にある一軒の古書店でした。まるでスパイ映画のような設《しつら》えですね。

佐藤　概して、古書店とか古道具屋とかは、インテリジェンスなどに関わるいろんな資金をやり取りするのに、格好の場なんですよ。

手嶋　絵画、陶器、刀剣などは、値段があってなきがごとしです。政治のフィクサーにして美術商という人物を何人か知っていますが、いずれも小説に仕立てれば、間違いなく主役を張れる人たちでした。財界人の意を受けて名のある画家の絵画を政治家の家に届ける。「まあ、しばらくお宅の居間にかけてみてください」と置いていく。値段の話はもとより、誰からの贈り物かも触れない。すべてが阿吽の呼吸です。忘れたころにこの美術商がふらりと現れ、「先日の絵ですが、どうしても欲しいという客が現れたので引き取らせてもらいます」と紫の風呂敷に包んだ現金をぽんと置いていく。まあ、すべてが闇のなかの出来事です。これでは特捜検察も手が出ないでしょう。

佐藤 まさしく契約自由の原則ですからね。「これは稀覯本だ」と言われるがまま、協力者がいくらで買っても、誰も文句は言えません。ロンダリングには格好なのです。

手嶋 北大生は、この古書店に掲示されていた「勤務地シリア」という求人の貼り紙を見て、それに応募したということになっています。

佐藤 A氏は、そこに定期的に出入りしていて、「イスラム国」のリクルートの場として使ったのかもしれません。

手嶋 北大生と一緒に渡航しようとした若者が、もう一人いましたよね。

佐藤 リクルートの網に引っ掛かった人間は、かなりいたと思うのです。そのなかから、送っても大丈夫な人材を精査して選び出したのでしょう。

手嶋　この事件に関する報道によれば、A氏は、古書店の関係者から中東行きに関心がある学生がいると連絡を受けた。そこでA氏は、渡航の段取りなどについてアドバイスを行った模様です。そのうえで、「イスラム国」の司令官と連絡を取り、この北大生のシリア渡航計画を伝えたといいます。A氏は、現地とそれだけの人的なパイプを持っていたわけですね。

警視庁公安部は、二〇一九年七月三日、刑法の「私戦予備・陰謀」容疑で、この北大生と共に渡航を企てていた千葉県在住の二十代の男性のB氏、指南役のA氏、二人に同行取材しようとしたC氏、さらに求人の貼り紙をした古書店関係者の五人を書類送検しました。「私戦予備・陰謀」の容疑が適用されたのは初めてのことです。公安部は、検察当局の慎重な姿勢を見てとったのか、起訴を求める厳重処分の意見書を付けていました。

しかし、結果的には、同年同月二十二日、東京地検は理由を明らかにしないまま、五人を不起訴処分にしています。

佐藤　警察はA氏のパソコンを押収したのですが、彼は即座に弁護士を付けて、還付請求しました。それを裁判所が認めたために、証拠として使えなくなってしまった。そういう経緯もありました。

奏功した公安調査庁のヒューミント

手嶋　彼らの起訴は見送られたのですが、公安調査庁がこの古書店を舞台にした動きに気づかず、警視庁公安部が摘発しなければ、元北大生は首尾よくシリアに渡り、「イスラム国」の戦闘員になっていたかもしれません。

佐藤　他国の自殺志願の若者たちと同様、そうなっていた公算、極めて大です。

手嶋　そんなことになっていたら、どれだけ日本の国益を損なっていたか。彼らのシリア行きを阻止できたのは、警視庁公安部と公安調査庁が連携した結果でした。国際テロ組織の動向を地道に追いかけてきた公安調査庁のインテリジェンス活動の成果だったと思います。

佐藤　この種の事件の端緒を摑むのは、電波傍受などでは限界があります。やはり、対人諜報と呼ばれるヒューミントが威力を発揮します。

手嶋　この古書店が調査活動の主要な舞台だったことは確認されているのですが、どのようにしてシリアへの渡航計画を摑んだのでしょうか。

佐藤　公安調査官は、「イスラム国」支配地域への渡航経験がある人物をマークしているうち、この古書店にA氏が頻繁に出入りしており、ここが何らかの形でコンタクト・ポイントになっていると考えたのでしょう。業界用語では「マル対」、観察対象の人物を根気よく追いかけていた成果だと思います。

手嶋　なるほど。公安調査庁はまずA氏の調査に照準を合わせた、というわけですね。

佐藤　A氏はアラビア語に長《た》けているだけではなくて、コミュニケーション能力も高い。だから、いろんな人に会って、「深い話」もしているでしょう。調査官は、そういう辺りに接触したりして丹念に情報を集めたのだと思います。

手嶋　ヒューミントの基本に極めて忠実だったわけですね。A氏が足繁《あししげ》く通う古書店を接点に、今度は北大生が浮上してきます。これも古書店を丁寧に監視していれば、分かってくるはずです。そして本気で「イスラム国」支配地域への入域を志願する事実を摑みます。そうなれば、次のステップに進むことを何としても阻止しなければと考えます。しかし、公安調査庁には逮捕権がありませんので、ふだんは一種のライバルなのですが、公安警察に内報したとみていいですか。

佐藤 最後は、公安警察の出番だと思います。ただし、簡単に内報したかどうかは疑問です。報道によれば、息子の胸の内を知った親が警察に通報したともいわれています。そうだとすれば、公安調査庁は、親御さんに息子がシリアに渡ろうとしていることを伝え、警察へ相談するように仕向けたのかもしれません。

手嶋 公安調査庁の最高幹部は検事ですし、幹部クラスには警察官もいるのですから、逮捕権のある組織に最後の処分を委ねることはあっていいと思います。公安調査庁は、ライバル関係にある警備・公安に直で伝えることにそこまで抵抗があるでしょうか。

佐藤 警備・公安には、たぶん直接伝えはしないと思います。単にライバルだからとか、嫌いだからというだけではなくて、警察が自分たちの知らないところで、独自にA氏を追いかけている可能性がゼロとは言えない。そうすると、「俺たちの邪魔をするな」とかの、面倒な話になりかねない。捜査自体の足を引っ張ることにもなりかねません。

手嶋 そういう「地雷」も避けつつ、確実に渡航を不可能にする方法を選んだ？

佐藤 まあ言ってみれば、公安調査庁と警備・公安の関係は、古典的なヤクザのしきたりで考えたらいいんですよ。ヤクザには、博徒とテキ屋という二つの系譜があります。博徒は「縄張り」、テキ屋は「庭場」で、いる場所が重なったりしても、「稼業違い」で、基本的にはトラブルにならないんです。公安調査庁と警察庁は稼業違いなのです。

手嶋 最近聞いたたとえ話のなかでは群を抜いて秀逸です。この上なく分かりやすい（笑）。まあ、そうした地道なヒューミントが実を結んで、日本人が「イスラム国」の戦闘員になるという事態をからくも阻みました。ただ、その主役を演じたのが公安調査庁だったことはまったく明らかにされてきませんでした。インテリジェンス機関は、そこまで沈黙を守り通すものでしょうか。

佐藤 別段、意図的に隠したわけではないと思います。この北大生の摘発は、公安調査庁が絡んでいたからこそ可能だったと正確に捉えておく必要があります。北大生に仕掛けられた罠は、異性や金などではなくイデオロギーです。そのイデオロギーの絡むインテリジェンスについては、公安調査庁には、対共産主義活動で十分な蓄積がありましたから。かつて激しく対峙した共産主義イデオロギーが、あの一件ではイスラムという宗教イデオロギーだったと捉えるべきです。

手嶋 「思想のインテリジェンス」と呼ぶべきでしょうか。思想戦を対象にした経験が、「イスラム国」の影を追いかける際に、役立ったわけですね。

佐藤 そう、公安調査庁にとっては、イデオロギーは意外にとっつきやすいのでしょう。公安調査庁の「手柄」は、決して偶然の産物ではありません。

「こころの安全保障」の要として

手嶋 わざわざ中東の地まで出かけて、進んで武装テロ集団の一員となる。その行為を仲介し、いわばけしかける——。それは、ふつうの人にとっては、理解を超える振る舞いでしょう。しかし、彼らには彼らなりの内在的論理があるにちがいありません。不条理な格差、根深い民族問題、宗教上の問題など、彼らなりのイデオロギーに根差した葛藤が絡んでいるのでしょう。さらには、自殺願望といった複雑な「内的な精神世界」を抱えているはずです。そうした彼らの「内在論理」をそのまま受け入れるわけにはいきませんが、それを理解して内側に踏み込むことなしに、こうした事例を摘発することはできないでしょう。

佐藤　そう、彼らの目的や動機を認めるかどうかは措くとして、その精神世界に分け入ってみることなしに、今度のような事件を未然に防ぐことはできないでしょうね。

手嶋　彼らの精神世界を正確に把握して、忍び寄るテロに対抗する。まさに「こころの安全保障」が問われているのだと思います。そして、こうした分野を最も得意とするインテリジェンス機関が「公安調査庁」なのです。

佐藤　『内外情勢の回顧と展望』が語る世界を踏まえるならば、おっしゃるような「こころの安全保障」の重要性は、今後ますます高まらざるを得ないでしょう。

手嶋　どんなにAI全盛時代になろうとも、やはりひとの心の襞《ひだ》に分け入っていく質の高いヒューミントは欠かせないと思います。

「ヒューミント」といえば、公安調査庁のベテラン調査官に語り継がれたフレーズを思いだします。「焼き肉一〇年、マッコリ二〇年」。かつて北朝鮮を担当する若手調査官は、こう諭されたと言います。当時、北朝鮮情報の「宝庫」だった朝鮮総聯に浸透するには、まず総聯の幹部が根城にする焼き肉店にひたすら通って、焼き肉を食べ、マッコリをあおれ、というのです。そうやって、相手の懐に飛び込み、信頼を勝ち得て、貴重な情報を聞き出すべしと教えられたのでしょう。

ところが、ある時から「焼き肉一〇年、マッコリ二〇年」は、眼に見えて色褪《いろあ》せていきます。肝心の朝鮮総聯そのものが、資金力が衰え、それによって政治的な影響力を急速に失っていったからです。もはや第一級の情報を引き出す対象ではなくなっていきました。

佐藤　「ヒューミント」活動が、他の「オシント」とか「ウェビント」さらには「シギント」といった諜報活動よりも優れているのは、自ら積極的に対象に肉薄し、ピンポイントで情報を引き出すからです。そのために重要な要素は二つ。一つは、対象とする協力者が、こちらが必要とする情報にアクセスできること。二つめは、その人が正確に真実を語ってくれることです。

手嶋　対象が重要な情報源にアクセスできる立場にいても、情報を正しく伝えてくれなければ意味がありませんから。

佐藤　ですから、情報を正しく伝えてもらう「ヒューミント」活動の要諦は、「焼き肉一〇年、マッコリ二〇年」なのです。そうやって揺るぎない人間関係を築きあげ、「嘘をつけない」信頼関係を構築するわけです。

ただ、標的にしている人間が、重要情報にアクセスできなければ話になりません。それでは、何のための「焼き肉一〇年、マッコリ二〇年」なのか、ということになってしまう。朝鮮総聯がまさにその典型です。かつては総聯が日本国内から「集金」し、万景峰号で北に運ぶといった、本国との太いパイプがありました。それゆえに、有益な情報が入ってきたのです。しかし、二〇〇六年以降の対北朝鮮経済制裁によって資金のパイプは細り、結果的に良質な北朝鮮情報は取れなくなってしまったのです。

手嶋　朝鮮総聯ルートが機能しなくなって以降、公安調査庁は、国連安全保障理事会が北朝鮮への経済制裁として、輸入の上限を定めた石油精製品を海上で密輸するいわゆる「瀬取り」の実態調査や、核ミサイル開発をめぐるヒト・モノ・カネの流れをより広い視野から追っていくようになりました。そうしたなかで、ヒューミントの対象をさまざまな方面にも広げつつあるようですが、エージェントを操るには、それこそ「焼き肉一〇年、マッコリ二〇年」の忍耐が求められます。長期の戦略で臨むべきでしょう。

佐藤　ある意味では北朝鮮以上に対応が難しくなるかもしれない、中東、インド、パキスタン、アフガニスタンといった地域を対象にしたヒューミントのあり方も、時代に対応させながら考え、人材を育てていく必要がありますね。とりわけ、日本国内に住む外国人のなかから協力者に育てていく取り組みが大切です。

手嶋　いま多種多様な国籍の若者が日本に移り住み、アルバイトなどをしながら日本語学校に通っています。彼らは、日本語もそこそこにできるのですから、アプローチする側がアラビア語やヒンディー語を巧みに話す必要もありません。そういう人たちから、利発な人で誠実な人材を見つけ出し、エージェントとしてリクルートし、祖国に帰してあげる。国では、敬虔なイスラム教徒などとして、組織のなかに入っていけるわけですから、有益な情報源になります。公安調査庁は、自らの要員を海外に配置して情報活動を行う前に、まず、そうしたネットワークづくりをさらに心がけるべきでしょう。

佐藤　「新型コロナ」で一時帰国しているような人たちも、やがて戻ってくるでしょう。将来にわたって日本の治安を守るために、引き続き彼らに対する積極的なアプローチをと言いたいですね。

第5章

そのDNAには、
特高も陸軍中野学校もGHQも刻まれる

誕生するや「親族」をたらい回しに

手嶋　われわれが検証してきた公安調査庁というインテリジェンス機関が、いつ、どのようにして生まれたのか。ここでその生い立ちと歴史を辿ってみましょう。調べてみて驚いたのですが、これまで聞いたこともない役所名に出会って戸惑いました。でも、占領期の日本の素顔が透けて見えてきて、じつに興味深かった。

佐藤　戦後、インテリジェンスを担当する役所は、できては潰され、またできるといった形で、「本籍」も「住所」も、目まぐるしく変わりましたからね。

手嶋　ここで「公安調査庁」の来歴をざっと眺めておきましょう。

公安調査庁のルーツは、終戦の詔書の翌月、一九四五年の九月二十六日にできた「内務省調査部」でした。ただ、マッカーサー司令部は、陸海軍と並んで、内務省を「主敵」とみなしていましたから、内務省の一部門など風前の灯でした。一年後の四六年八月七日には、事務量が膨大だという理由で「内務省調査局」に格上げされたものの、翌四七年末に連合国軍総司令部（GHQ）のダグラス・マッカーサー最高司令官の命令で、内務省そのものが「お家取り潰し」となってしまいます。

佐藤　日本政府としては、敗戦によって国内の治安が乱れ、とりわけ共産主義革命が起きるのを恐れて、むしろ内務省・警察を強化したいと考えた。そこで、GHQにお伺いを立てたところ、時代錯誤も甚だしいと峻拒されてしまったわけです。

手嶋　このあたりの事情を知るには、格好の文献があります。五六年に当時の最高裁司法記者クラブ詰めの五名（朝日、毎日、読売、中部日本、日本経済）の記者が編纂した『法務省』（朋文社版）がそれです。その最後に「公安調査庁というお役所」という章があり、当時の混沌とした状況が生々しく記されています。

戦前、国内治安の元締めだった内務官僚に対するGHQの風当りは猛烈だった。内務省組織の解体はもとより、以後内務官僚中二級官以上の者は公職から一切しめ出す――というのがこのきつい命令の中味だったが、とにかくこのためせっかく生れたばかりの調査局も一挙に解散（となった）。

手嶋　文中の「きつい命令」とは、いわゆる「マッカーサー通達」のことです。解散を命じ「調査局」は、首脳陣が公職追放となり、四八年一月から、旧警察法施行までの六〇日間限定でつくられた「内事局」に「里子のように移されて」（同書）、その名称も「内事局第二局」と改められたと言います。「戦後官庁組織トリビア」というクイズがあれば、とびっきり難解な設問になるでしょう。（笑）

佐藤　内務省調査局に昇格の際には、早くも戦前の特別高等警察（特高）の復活か、という声があがったようですが、いきなり出鼻をくじかれたわけですね。

手嶋　ところがどっこい、そこから存在感を高めていくことになります。東西冷戦の幕があがり、日本列島にも影が差してくるからです。

四八年二月十五日、司法省が法務庁に衣替えすると、公安調査庁の前身にあたる内事局第二局は、「法務庁特別審査局」、いわゆる「特審局」となります。いかに戦後の混乱期とはいえ、二年半の間に各省をこんなに「たらい回し」にされては、職員もさぞかし不安だったことでしょう。

佐藤　この「法務庁特別審査局」は、占領期の歴史にあっては、かなり重要な役割を果たすことになります。

手嶋　ちなみに、四九年六月に法務庁から「法務府特別審査局」になったというのですが、「法務府」なんて恥ずかしながら初めて聞きました。でも、博覧強記の佐藤ラスプーチンならばご存じですね？

佐藤　いや、初めて聞きました。まったく知らなかったですね。（笑）

組織の狙いは「右翼勢力の監視」だった

手嶋　ところで、この『法務省』は、無味乾燥な本のタイトルからは、ちょっと想像できない極めて興味深いくだりがあります。重要な内容ですので、やや長くなりますが、引用してみましょう。

ところでこのアプレ派（注：戦後派）の特審局は多分に占領軍のタネを宿していた。

およそ官庁というものは、いくつかの法律を基礎にして作られているものである。検察庁は刑法、刑訴法などをその内容にしているといった工合だが、この点、特審局は勅令一号（公職追放令）と同百一号（団体の結成禁止などに関する政令）をその背骨として生れた役所である。

そして、勅令一号は二十一（一九四六）年一月四日の「公務従事に適しないものの公職からの除去に関する件」という長たらしい名前の総司令部メモランダム五五〇号を、勅令百一号は同じく「ある種の政党政治的結社、教会その他の団体廃止の件」というメモランダム五四八号をそれぞれ母体とする法律だ。

二つとも占領軍の名において作られた法律だから、これを背骨として生れた特審局が混血官庁といわれても仕方がないわけだ。

しかもこの二つのメモランダムはポツダム宣言に、はっきりとうたっている「日本軍国主義の除去、民主主義に対する妨害の排除」という占領の大目的を達するため公布されたものだった。総司令部が進駐してからでなく、それ以前に案文が準備されていたともいわれるだけに、二つのメモランダムはいわば占領のバックボーンでもあった。

特審局と占領軍との関係が父親と妾腹の息子ぐらいに密接なものであったことは無理からぬ話でもあるわけだ。

佐藤　いまでは、活字にするのがちょっと憚《はばか》られるような表現が散見されますが、それだけにまことに分かりやすい。つまり、内務省を潰したのはGHQだったけれど、特審局については煙たい存在どころか、「わが子」のように扱っていた。なぜなら、自分が手をつけて誕生させた組織だったからですね。

手嶋　「終戦直後の奇書」ともいうべきこの本は「アメリカはどうしてこんな混血児官庁を作ったのだろうか」と直截に問いかけています。

佐藤　やはりアメリカは自分たちを散々苦しめた軍国日本の〝牙〟を抜いておきたい、そのための武器に使おうと考えたのですね。

手嶋　日本のように資源もない国が、玉砕を覚悟して勇猛に戦った。その象徴が「カミカゼ特攻」だった。日本の人々をかくも奮起させた「天皇制超国家主義」なるものの復活を二度と許してはならない。当初のマッカーサー司令部はそう考えた。これこそが初期の占領政策の至高の目的だったのです。

佐藤　そう、日本の軍部を突き動かした「ウルトラ・ナショナリズム（超国家主義）」こそ、アメリカにとって「見えざる敵」でした。そうした潮流をつくりだした右翼の政治勢力は、一度の敗戦くらいで駆逐されるはずがない。しかし、占領軍が叩《たた》こうにも、彼らの内在論理を見通せるのは、当の日本人だけなのです。ここは日本の組織を使って右翼に痛打を浴びせる他ないと考えたんですよ。ある意味で賢明な判断です。そして、その力量を備えているのは、戦前からの治安組織だと。しかし、特高警察を擁していた内務省をそのまま使うわけにはいかなかった。天皇中心主義の官僚制の頂点に君臨し、戦争を推進したとGHQは見ていたのですから。

手嶋　そこでマッカーサー率いるGHQは、内務省から「特審局」を切り離し、司法省の後継組織である法務庁に移管したわけです。そして、右翼の政治勢力を炙《あぶ》り出す尖兵として使った。マッカーサー司令部は、日本の民主化を進めるいわば守護神でした。ですから、特高の親分という負のイメージが付きまとっていた内務省の附属機関という色を消し去って、法務庁の一部門として「特審局」を使った。「法務庁の非政治性」に着目したのです。なかなかの知恵者が当時の政府内にいたのでしょう。この本では「法務庁の前身である司法省は、戦時中でも、とにかく法による手続きと法による裁きを守ってきた。中野正剛事件をはじめいくつかのケースでは、憲兵隊に対してもレジスタンスめいた態度を示してきた」と言い添えています。戦時中も法務当局の手は汚れていなかったとアピールし、組織の生き残りを図り、同時にGHQに恩を売って「特審局」を抱え込んだわけです。

佐藤　中野正剛事件というのは、四三年十月に、特高が時の東條英機首相の意を汲《く》んで、中野正剛代議士の身柄を拘束したのですが、司法当局は強制処分に難色を示し、四日後に釈放された一件です。絶対的な権力をほしいままにしていた東條の支配下でも、司法は独自性を守り抜いた――と。表向きは『法務省』の著者とされる新聞記者たちにそう言わせています。「特審局」を司法組織に統合するならいいだろう――と巧妙な世論工作を展開していたのです。

手嶋　実際に「特審局」は、ＧＨＱの意を汲んで、右翼勢力の掃討という任務をかなり忠実に果たしていきます。この本でも「特審局は血盟団、神兵隊、黒竜会はじめ、何々一家と名のつくものまで二百数十にのぼる右翼組織を解散した」と書かれています。右翼対策という名の治安政策は着々と進んだのですが、その一方で、左翼勢力は勢いを増していきました。敗戦直後の激しいインフレ、生活苦を背景に労働運動が高まりをみせ、四七年にはすべての官公庁の労組が決起する「二・一ゼネスト」が試みられる緊迫した情勢となりました。

こうした労働運動は、当時勢いを増しつつあった日本共産党が主導していました。時の吉田茂内閣の打倒を目指して、革命の芽を孕んだものになりつつありました。結果的には、マッカーサー司令官の指令によって、ゼネストは決行の前日に中止のやむなきにいたります。これ以降、ＧＨＱの監視の矛先は、日本共産党をはじめとする左翼勢力と過激な労働運動に移っていきました。

佐藤　戦後史の教科書に出てくる「占領政策の転換」です。左翼勢力からいえば、「逆コース」ということになります。

手嶋　占領政策の右旋回によって、特審局の主たるターゲットも左翼勢力となり、こちらも一八〇度の旋回を果たしたのでした。ちなみに、この時期の特審局の所帯は、一七〇人ほど、じつに小ぢんまりとしたものに映ります。

佐藤　いや、当時としては、決して「小さな組織」とは言えないのです。いまの内閣情報調査室だって、総勢で二〇〇人くらいでしょう。戦争直後の乏しい国家予算のなかでは、否が応でも〝選択と集中〟をせざるをえないご時世で、情報を専門に扱う人間をこれだけ集めたのは、かなりの力の入れようだったとみるべきです。

手嶋　なるほど、それだけ共産党をはじめとする左翼の攻勢に時の政権は脅威を覚えていたということなのでしょう。

佐藤　時代の空気は「革命前夜」に近いものがあったのです。

「破壊活動防止法」の監視対象は、当時の共産党

手嶋　さて、GHQの意を受けて誕生した戦後日本の治安組織は、日本の独立によって、名実ともに主権者の手に委ねられることになります。こうしたなかで、五二年七月二十一日に誕生したのが「公安調査庁」でした。同時に「破壊活動防止法」（破防法）が施行され、公安調査庁は、この法律に基づいて破壊的団体も規制に関する調査と規制など処分の請求等を行うことが責務となりました。

佐藤　具体的にどんな組織の規制に動いたのか？　公安調査庁と聞いて、いま多くの人が思い浮かべるのはオウム真理教だと思いますが、当時のターゲットはズバリ日本共産党でした。日本における共産主義革命を阻止するため、特審局の流れを汲むかたちでつくられたのが公安調査庁なのです。

手嶋　日本が独立を果たした後も、東アジアでは、朝鮮半島で動乱が続き、国内でも左翼運動の勢いは依然として盛んでした。父は北海道の炭鉱主でしたが、当時の炭労はか

なりの影響力を持ち、全国の労働運動を率いる先鋭な組織でした。

佐藤　そうした情勢下で当時の共産党の実態をどう見るかです。現在の共産党には、すっかり議会政党のイメージが定着しています。しかし、公安調査庁だけでなく、警備・公安警察も、内閣情報調査室も、暴力革命の可能性を捨ててはいないという見解で一致しています。

手嶋　民主的な選挙を通じて議会で勢力を拡げている印象ですが、それは戦術にすぎないと治安当局はいまだに見ているということですか。

佐藤　そういう認識というか、強い確信を持っているのです。共産主義革命を阻止することはいまも治安当局にとって重要な課題です。

　歴史を振り返ると、共産党の過去にもいくつかのジグザグがありました。戦前は、非合法政党でした。そもそもは、コミンテルン（共産主義インターナショナル、国際共産党）の日本支部として誕生しました。だから、戦前の機関紙、『赤旗』と書いて「せっき」と読んでいたのですが、そこには、「日本共産党　国際共産党日本支部」と明示されていました。すなわち、モスクワの指令に従って、革命を達成するのが党の目的だったわけです。
戦前、それを押さえ込むためにできたのが、「治安維持法」という法律です。治安維持法は、最初は共産党だけを対象としていて、しかも死刑などという規定はありませんでした。ところが、死刑規定が入り、なおかつ一般の労働運動や宗教団体の活動まで対象が拡大されるようになって、その法に基づいて取り締まりを行う特高も、めちゃくちゃな暴走を始めたのです。

手嶋　治安維持法に肯定的な印象を持つ人は、いまではまず皆無でしょう。

佐藤　ただ、冷静に考えてみると、当時、ソ連による「革命の輸出」、国際共産主義運動の波に日本が呑《の》み込まれるかもしれない、という現実の脅威があったことも確かだったのです。

手嶋　独立後は、左翼勢力の脅威を力ずくで押さえ込んでくれたGHQはもういない。日本自身が法や治安組織を整備して革命運動に対峙しなくてはならなかったのですね。

佐藤　国際共産主義運動を率いたコミンテルンは、その後、ナチス・ドイツとの戦いでソ連が苦戦を強いられたこともあり、英米と協調せざるを得なくなった。その結果、四三年にスターリンの手によってコミンテルンは解散させられてしまいます。そして、戦勝国となったソ連は、コミンフォルム（共産党・労働者党情報局）を新たに設立し、国際共産主義運動を「再建」しました。この組織を通じて、世界革命をコーディネートしようと考えたのです。一方、日本の共産党は、終戦直後、占領軍を「解放軍」と規定して歓迎し、議会を通じた平和革命を標榜していきます。

手嶋　ほう、戦後の日本共産党は、議会主義路線からスタートしたのですね。僕ら道産子は、炭労の激しい運動を目の当たりにしたものですから、やや意外な感じがします。

佐藤　ところが、五〇年に、コミンフォルムから「日本共産党の路線は誤っている」と批判を受けます。「アメリカ帝国主義を美化することなく、革命闘争をすべし」と。それに対して党は、そんなことを言われる筋合いはないという「所感」を出します。これを主導したのがいわゆる「所感派」で、当時の日本共産党の主流派でした。一方、コミンフォルムの言うことを聞こう、という少数派閥の「国際派」もいて、元議長の宮本顕治らがその立場を取っていました。

ところで、当初はコミンフォルムに反論した所感派でしたが、直後に中国共産党にも批判されたのを受けて、やむなく暴力革命路線に方針転換していきます。

手嶋　もともと、延安にいた親中路線の党員も多かったですからね。

佐藤　その通りです。戦後の初代書記長を務めた徳田球一などの幹部は、密かに出国して北京へ亡命し、そこから革命を指揮しました。結果的に国際派は取り残され、日本共産党の分裂が起きるわけです。

公安調査庁が「国際性」を帯びた理由

手嶋　一九五〇年は、朝鮮戦争が勃発した動乱の年ですね。

佐藤　そこも重要なところです。コミンテルンができて以来、国際共産主義には「一国一党」の原則がありました。しかし、日本共産党は例外だったのです。「朝鮮ビューロー」という在日朝鮮人組織が日本共産党内にあって、ここからさまざまな武装闘争を指揮していたのです。

日本共産党は武装闘争を通じて暴力によって日本の政権の転覆を試みる。同時に朝鮮半島では米ソの代理戦争が勃発し、アメリカの占領下にある日本は国連軍の前線基地になっている。こうしたなかで朝鮮ビューローは、日本国内を攪乱して、朝鮮半島を丸ごと共産化しようという戦う同志たちを支援する。北東アジアはまさしく冷たい戦争の主戦場の観を呈していきます。

手嶋　戦後史の教科書では、日本共産党と朝鮮労働党を別のものと記述しています。僕らもそう思い込んできたのですが、いまの佐藤さんの説明を聞くと、この二つの党が、溶け合っていた様子がよく分かります。これまで語られてこなかった「北東アジア秘史」を聞かされているようです。

佐藤　そうした事実は、公安調査庁というインテリジェンス機関の性格を形づくるうえで大きなインパクトを与えることになったんですよ。

手嶋　終戦直後に時間を巻き戻すと、当時の日本には「在日本朝鮮人連盟」、通称「朝連」という組織がありました。これは、後の「在日本朝鮮人総聯合会」（「朝鮮総聯」）の前身で、世界同時革命を志向していた。朝鮮半島で革命を起こすだけでなく、海峡を隔てた日本でも革命をと考えていた。日本に共産主義政権ができれば、朝鮮半島の革命政権はより安泰になりますからね。そのための前衛組織という位置づけでいいのでしょうか。構成員は三十数万人ともいわれ、実際に占領軍に抵抗を試みたり、暴力事件を起こしたりといった問題が日本各地で起こっていました。

佐藤 朝鮮ビューローの勢いはいまでは想像しにくいでしょうね。なにしろ「戦勝国」の国民なんだという意識を持っていたわけですから。そういう意味でも、彼らの振る舞いは、勢い傍若無人にならざるをえない側面があったわけです。

手嶋 「敗戦国」の治安当局としては、なかなか手を出しにくい状況だったのでしょう。戦時の労働力として徴用され、さんざんひどい目にあわされたのですから。特高警察はそんな人々を監視する元締めでしたから。脛《すね》に傷をもつ治安警察が前面に出られない状況下で、新たに生まれた特審局の最大の任務は、この朝連の監視に絞られていきます。

佐藤 戦後初期から、いわばそうした「外敵」を監視対象にせざるを得なかったことが、公安調査庁が国内官庁でありながら、ある意味で優れて国際性を帯びた理由だと考えるべきでしょう。

手嶋 日本共産党の尖兵でもあった朝連は、結局、この特審局によって、四九年九月八日に解散を命じられます。この朝連の最高顧問を務めていたのが、まさしく伝説のコミュニスト金天海なんですね。

佐藤　日本共産党の「朝鮮ビューロー長」で、党の副委員長を務めました。

手嶋　まさしく、朝鮮半島と日本列島にまたがる、当時の日本共産党の姿を体現する人物なんですね。彼は日本共産党と朝鮮労働党の二重党籍を持ち、しかも双方の最高幹部でもあったわけですね。

佐藤　そうなんですが、さすがに朝鮮戦争が終わった後は、二重党籍という例外を解消し、朝鮮労働党籍に一本化するために、日本共産党からは離れました。

もう亡くなりましたが、かつて『赤旗』の編集局長をやっていた共産党参議院議員の吉岡吉典さんと、私は親しくしていて、定期的に会っていたんですよ。もともと所感派に身を置きながら生き残った珍しい人で、機関銃の鋳型とかが送られてきて造るように命じられたのを、適当にサボタージュしていた、というような話を聞かせてくれました。

朝鮮半島問題にも非常に詳しい人でしたが、ある時、「終戦直後の朝鮮ビューローについては、どう総括するのですか？」と聞いたところ、「彼らがまず、第一義的に総括しないといけなかったのじゃないか」と言っていました。

手嶋　「彼ら」というのは、誰をさすのですか？

佐藤　ああ、要するに朝鮮人の共産主義者を指していました。基本的に朝鮮の問題なのですから、日本人が云々すべきではないというのが吉岡さんの意見でした。同時に吉岡さんは「朝鮮ビューローの問題は、確かに佐藤さんがご指摘のとおり、日本の革命運動史で極めて重要な事柄なんです」と言っていました。

手嶋　日本共産党に「朝鮮ビューロー」があったなど、いまや共産党内でもかなり古参の党員しか知らないでしょう。

佐藤　当時の日本共産党は、じつに「インターナショナル」な組織だったんです。まず、徳球こと徳田球一は「沖縄人」です。

手嶋　母上が琉球の方である佐藤さんがそういうのですから、「日本人」ではないのでしょう。

佐藤　徳田球一の父は日本人で、母は沖縄人でしたから、私と同じです。徳田は沖縄人だという自己意識を強く持っていました。当時、日本共産党は、沖縄人、琉球人を日本人とは別の民族と考えていました。したがって、沖縄の解放、つまり「沖縄独立」を支持するというのが共産党の立場でした。戦後はアメリカの統治下にありましたが、アメリカからも、日本からも、独立を果たす。そういう潮流があったことをいま忘れているのですが。ですから、日本共産党の委員長は日本人、書記長が琉球人で、副委員長が朝鮮人の金天海。

手嶋　なるほど、インターナショナルですね。

佐藤　沖縄に奄美も含めた琉球弧（旧琉球王国の版図）は、日本が独立した後も、アメリカの占領統治下に置かれました。「サンフランシスコ平和条約」を読む限りは、その信託統治、すなわち「植民地」になることが想定されていたわけです。信託統治から宗主国に返る例は考えられませんでしたから、普通はそのままアメリカの在外領に留《とど》まるか、独立国になるかです。琉球弧の人々は、沖縄独立を望み、そのリアリティーのほうが、高いと考えていた。

手嶋　われわれは、沖縄の本土復帰を当たり前のように考えがちですが、世界史的に見れば異例中の異例だったわけですね。アメリカの占領下に激戦地となった沖縄があり、本土は「二・一ゼネスト」が不発に終わった後も、左翼運動、労働運動の勢いは衰えを見せない。そのうえ、朝鮮半島では朝鮮戦争が勃発してしまう。東アジアは冷戦どころか熱戦が火を噴き、この上なく流動的でした。繰り返しますが、そうした不安定極まりない社会情勢のなかで「公安調査庁」というインテリジェンス機関は誕生しました。

佐藤　公安調査庁設置の目的は、社会秩序の維持にあります。長々と説明してきたように、最大の責務は「共産革命の阻止」、そのひと言に尽きるんですよ。

「スキマ産業」としての公安調査庁

佐藤　公安調査庁の歴史、実態を理解するうえでとても役に立つのが、以前に手嶋さんとの対談（『中央公論』二〇一九年十二月号「異例の官邸人事、その狙いとリスク」）でも取り上げた「外事警察史素描」という論文です。二〇一四年に公刊された『講座　警察法』第三巻（立花書房）という警察官向けの教科書に収められていて、著者は北村滋氏です。

手嶋　一九年九月の内閣改造で、国家安全保障局の局長に抜擢された警備・公安警察出身のインテリジェンス・マスターです。いうまでもなく国家安全保障局長は、官邸の外交・安全保障の司令塔です。

「外事警察」というのは、分かりやすく言えば、外国のスパイやテロリストが日本国内に浸透してくるのをくい止める任務を担っています。戦前は特高が、戦後は警備・公安警察が主にそれを担ってきました。

佐藤　注目すべきは、冒頭で「外事警察は、国家主権といわば不即不離の形で発展を遂げてきた」と述べていることです。つまり、戦後の民主警察は、悪名高き特高とは縁を切り一から出発した、という「通説」に依拠していません。

手嶋　かなり大胆ですね。戦前の特高も、立派にカウンター・インテリジェンスの役割を果たしてきた。ゾルゲ事件をみよというわけですね。

佐藤　その特高も、北村氏の外事警察に関する記述をみると、主な監視対象は、やはり国際共産主義運動だったと述べています。

戦後の外事警察の主たる関心は地勢的に密接な関係にあるソ連、中国、北朝鮮の三国の動向と国際共産主義運動に向けられたのであるが、これらの対象は同盟国となった米国を除けば、戦前の外事対象国と一致していた。（五六五ページ）

佐藤　こういう基本認識です。ただし、冷戦期までの主敵は、あくまでもソ連なんですね。北朝鮮に関する記述はあるのですが、誤解を恐れずに言えば、外事警察にとって、北朝鮮は主敵という位置づけではなかった。北朝鮮という「外敵」と向き合っていた「特審局」や「公安調査庁」とはそこに違いがあるんです。

手嶋　だから、朝鮮半島とつながりが深かった朝連に解散を命じたのは、外事警察ではなく、「法務府特審局」だったのです。

佐藤　外事警察にとって、当時の朝鮮人共産主義者はむしろ「国内治安対策の延長線上」にあったのでしょう。しかし、当たり前のことながら、純粋な「国内」ではありません。

手嶋　佐藤さんは、ソ連時代のカウンター・インテリジェンス機関の守備範囲も、ソ連邦の域内だけでなく、その外延部（東欧諸国やモンゴルなど）も含まれるとしばしば指摘しています。同時に、対外インテリジェンス機関も域内に監視対象を持し、連邦の内外にまたがっているという話をしてくれたことを思い出しました。僕らが考える、国家の内外という概念を情報機関の守備範囲にそのまま当てはめてはいけないということなのですね。

佐藤　そうです。つまり、情報機関、情報活動には、そういうファジーな部分があるということです。当時の朝鮮半島は、日本にとって純然たる外国でもなければ、もちろん国内でもなかった。そういうグレーゾーンは、外事警察や外務省の視野からこぼれ落ちやすいんです。そこを埋めたのが、公安調査庁につながる流れだった。彼らは、いわば「スキマ産業」なんですよ。

手嶋　なるほど、「スキマ産業」とは、言い得て妙ですね。

佐藤　ですから、スキマを埋めていく産業には、そこで生き抜くための独特の技術や能力が求められます。そうした能力に磨きがかかると、例の「北大生事件」のような大手柄を立てることができるんです。

手嶋　ああ、佐藤ラスプーチンらしいユニークな見立てですね。じつに面白い。

佐藤　こんな話もあります。私のとある知人が、かつて過激派の革命的労働者協会（革労協）の友人をかくまっていた。すると、接触してきたのは、公安調査庁だったそうです。革労協なんて、いまでは一〇〇人もいないような弱小セクトです。なかは三派に分かれていて、出刃包丁で殺し合いとかをしていた。警察は、そういうところは、あまり相手にしないのです。彼らがマークするのは、やはり革マル（日本革命的共産主義者同盟革命的マルクス主義派）とか、中核（革命的共産主義者同盟全国委員会）とか大きなセクトです。

手嶋　過激派の監視でも「スキマ産業」ですか。

佐藤　周辺国を対象にした対外情報活動でも、やはりメインストリームは、中国とロシアですから。そこにいくと北朝鮮は大国の谷間に咲くユリ、ケシといったほうがいいかな。ですから花積み人もご同業なんですよ。

手嶋　でも、そういうスキマをずっと覗《のぞ》き続ければ、情報源も育ってヒューミントもそれなりに育ちます。この世界も継続は力なりです。

佐藤　公安調査庁は、万景峰号に「工作員」をたくさん乗せるわけです。「こちらの話をいろいろ伝えてきてね」と。こういったヒューミントを、帰国船でもやる。これは、外務省も警察もなかなかできないことです。とはいえ、外務省や警察が、こうした公安調査庁の情報活動をどこまで容認できるのかという問題がでてきます。

手嶋　そこは、日本のインテリジェンス・コミュニティーの縄張り争いやメンツもありますから。

佐藤　暴走族は、県と都をまたいで暴走をしかけます。「ようし、もう埼玉に入れば、これで警視庁は追ってこないぞ」と。（笑）

手嶋　我らがラスプーチンは、半グレ集団や暴走族の実態にも通じているんですね。埼玉県警の管轄は、埼玉県立浦和高校卒業のかつてのマサル少年の縄張りと重なりますね。（笑）

佐藤　ただ、警備・公安も、ケチな泥棒ならまあ目をつぶるかもしれません。表現は悪いのですが、北朝鮮みたいな「スキマ」は俺たちには扱えない。泥臭い手でどうぞという感じなのでしょう。

手嶋　しかし、スキマだろうが、泥臭かろうが、公安調査庁の対北インテリジェンスは、二〇〇一年当時、海外からの情報機関から見て極めて評価が高かった。だから、ＭＩ６と公安調査庁との間でコリント、諜報協力が成り立ったのです。この蓄積のうえで、シンガポールから一本の電話がかかってきたのです。

佐藤　あれは、戦後日本のインテリジェンス史に残る快打です。

特高に捕まりたかったゾルゲ

手嶋　この章では、戦後の公安調査庁のルーツを探ってきましたが、それを戦前にまで遡るためにも、先に取り上げた「北村論文」にもう一度戻ってみましょう。あの論文の白眉は、なんといってもゾルゲ事件に触れたくだりでしょう。

若い読者のためにゾルゲ事件をまず概観してみます。一九三三年から四一年にかけて、ドイツ人のリヒャルト・ゾルゲは、独自の諜報団を組織して、東京を中心に情報活動を繰り広げました。そして独ソ戦に関わる機密情報を日独の政府から入手しソ連に打電していました。日本軍が果たして北進してスターリンのソ連と戦端を開くか、それとも南進して英米と戦うか。ソ連にとっては、国家の生き残りがかかった重大局面でした。その時、東京のスパイ、ゾルゲは、日本の首脳部の意向を正確に聞き出し、日本軍は南進するとクレムリンに伝えたのでした。太平洋戦争の開戦直前、ゾルゲはついに検挙され、終戦を待たずに処刑されてしまいます。

このゾルゲ事件は、内務省傘下の特別高等警察が摘発した事件でした。特高警察といえば、左翼からリベラルな学者まで次々と検挙して、爪を剝《はが》すような拷問を行って自白に追い込むという負の側面をすぐ思い浮かべてしまいます。むろん、そうした暗黒の部分、糾弾された事実を忘れてはなりません。その一方で、外国のスパイが明確な政治目的をもって日本国内に浸透してくるのは、主権国家にとって深刻な脅威であり、なんとしても防ぐ必要がありました。特高警察はそうした使命を課せられていたのです。そして二十世紀最高のスパイ、ゾルゲを検挙して使命を果たしています。

佐藤　じつに八年越しの逮捕劇だったわけですが、特高の捜査能力が決して低いものではなかったことを証明しました。少し脇道にそれることを許してください。本来、特高警察はゾルゲを捕まえられなかったはずなんですよ。

手嶋　えっ、特高にゾルゲ逮捕の権限はなかったというのですか。どうぞ、存分に佐藤ラスプーチンの見立てを論じてください。

佐藤　ゾルゲはもともとソ連の赤軍第四部に所属する諜報員ですから、本来なら逮捕権を持つのは帝国陸軍の憲兵隊になるはずです。

手嶋　ソ連赤軍の軍人は、帝国陸軍の憲兵隊が検挙すべしということですか？

佐藤　ゾルゲが「コミンテルンのスパイ」なら、ゾルゲを捕まえる権限を持つのは特高警察です。しかし、身分のうえでは「赤軍のスパイ」でした。

手嶋　それでは、なぜ管轄違いの組織がゾルゲを挙げたのでしょうか？

佐藤　じつはゾルゲ自身は、憲兵隊に身柄を取られるのは是が非でも避けたかったのです。それに、スパイ世界のスーパースターたるゾルゲを検挙して手柄にしたい特高警察とゾルゲは利害が一致していたのです。ですから、ゾルゲは特高に捕まった後の供述で、自分は確かに赤軍第四部に所属しており、その指示を受けてはいたが、同時にコミンテルンの指示も受けていましたというストーリーをつくり上げ、最後まで憲兵隊を介入させようとしませんでした。

手嶋　興味深い分析ですね。ということは、ゾルゲと特高は、ある意味で共犯関係にあったということになりますね。

佐藤　まさにその通り。ゾルゲがなぜそれほどまでに憲兵隊を忌避したのか。憲兵に捕まった場合は、厳しい拷問を受けた後、軍法会議にかけられ、即銃殺というコースが待っていたことを見抜いていたからです。供述記録も残してもらえず、事実は闇から闇に葬られてしまう。だから、何としても「特高警察・検事局」というルートに乗らなければと考えたのでしょう。

手嶋　それほどまでに、日本の権力構造を熟知していた。いかに優れた情報網、そして洞察力を持っていたかが窺えます。ああ、ゾルゲ畏るべし――。

佐藤　ゾルゲは、二・二六事件の勃発から軍事法廷までつぶさに観察していましたから。「憲兵隊・軍法会議」コースだけは願い下げだと考えて戦略を練ったわけです。

手嶋　桁外れのインテリジェンス能力。人生の最後に、渾身の力を振り絞って、日本の司法当局と渡り合った。まさしく劇的なる生涯といっていいでしょう。そもそも、ゾルゲは通説のように、本当にヨシフ・スターリンのエージェントであったのか。それともアドルフ・ヒトラーのスパイだったのか。佐藤さんは、この点で独自の見立てを披露していますね。

佐藤　結論からいうと、ゾルゲは明らかに「二重スパイ」だったのです。それにしても、実際はどちらのために働いていたのか？　それを推し量るのは、じつは簡単なんです。「誰の指示を受け、どこからお金が出ているか」。その点でゾルゲはソ連の赤軍第四部から指示を受けると同時に、ドイツのオット駐日大使の指示にも、ほぼ百パーセント従っています。では、資金はどこから出ていたか。モスクワからの資金が途絶えがちで、ベルリンからは潤沢なカネが提供されていました。そうなると、ソ連のスパイという点では「○」なのだけれど、ドイツは「◎」が付くのです。ゾルゲは、主として「ドイツのスパイ」だったと私は考えています。

公安調査庁の真のルーツはどこに

手嶋　戦前の日本は、外国のスパイが日本国内に浸透してくるのを防ぐ「カウンター・インテリジェンス」の能力と機能を持っていました。リヒャルト・ゾルゲのスパイ団の検挙がそれを物語っていました。一九四五年八月十五日を機に大日本帝国は崩壊し、ダグラス・マッカーサーが率いる連合軍に占領されます。ただ、占領された敗戦国とはいえ、多くの国民を抱えているわけですから、国内の治安は維持しなければならず、外国勢力の浸透を許すわけにもいきませんでした。終戦直後の状況を考えますと、「オキュパイドジャパン」、占領された日本には、十分なカウンター・インテリジェンスの備えもなく、かなり心許《こころもと》ない状態でした。

佐藤　さきの「北村論文」も、ポツダム宣言を受諾して占領を受け入れた当時の日本は、「防諜、国体護持、治安維持のための作用法はことごとく消滅した」と述べ、国家権力に「空白」が生じていたと述べています。

手嶋　とりあえずは、GHQが国家の機能の一部を代替したとはいえ、彼らも万能ではなく、治安維持の十分な手足も持ってはいませんでした。日本語の分かる人材も限られていました。

佐藤　ＧＨＱが設けたのは、「キャノン機関」といわれる諜報組織でした。ＧＨＱ参謀第２部（Ｇ２）のトップだったチャールズ・ウィロビー少将が、ジャック・Ｙ・キャノン少佐に秘密裏につくらせたＧ２直轄の組織でした。

とはいえ、それは、システマティックなカウンター・インテリジェンスとは言い難いものでした。それは日本の場合も同様で、上海憲兵隊中佐だった長光捷治を戴く「柿ノ木坂機関」、Ｇ２の意を酌んで対ソ、対中のスパイ活動などを行った元陸軍中将、有末精三の「有末機関」、ウィロビーの下で太平洋戦争の戦史編纂に携わった後、日本の再軍備に関する研究を託された陸軍参謀本部作戦課長、服部卓四郎の「服部機関」。挙げればきりがありません。

手嶋　日本の社会不安は収まらないが、独立の日は着々と近づく。カウンター・インテリジェンス機能の「空白」はなんとしても自前で埋めなくてはならない。こうしたなかで、いみじくも「北村論文」が指摘したように、戦前の「蓄積」が生かされていくわけですね。外事警察が戦前、戦後を通じて国家主権と不即不離の発展を遂げてきたように、公安調査庁も、戦前、戦後の連続性を基礎にカウンター・インテリジェンス機関に変貌していったのです。

佐藤　前に「公安調査庁の直接の前身は特審局」と言いましたが、本当のルーツは戦前の組織に遡るのです。それも複数あって、一つはやはり特高警察です。ここで諜報活動の腕を磨いた人たちが、戦後も「特審局」にたくさん流れ込んでいます。そして、それ以上に、陸軍中野学校で諜報教育を受けた人材が、戦後の公安調査庁の組織文化をつくったと思います。

手嶋　公安調査庁が出発にあたって旧軍の諜報機関とのつながりを持っていたことは、極めて重要な点だと思います。

佐藤　軍の組織は、憲兵を除けば、警察権を持っていません。それだけに人間関係を大切にして情報活動をやらざるを得ないのです。こうした諜報技術、経験を公安調査庁が受け継いだことは大きな意味を持っています。じつは一九六〇年代くらいまで、日本のさまざまな情報機関には、まだまだ旧軍と直接的な連続性を持っていた人たちがいました。

手嶋　公職追放されたにもかかわらず、吉田茂のブレーンになる辰巳栄一陸軍中将らの人脈は、戦後、どちらかというと内閣情報調査室のほうに流れていった。一方、中野学校に代表される陸軍のインテリジェンス人脈は、多くが公安調査庁に迎え入れられました。

佐藤 これも、やはり忘れ去られているのですが、戦前の陸軍のインテリジェンス能力は、カウンター・インテリジェンス、ポジティブインテリジェンスを含めて、極めて高かったのです。たとえば、暗号の能力も、海軍と陸軍では、比較にならないほど陸軍の方が高かった。陸軍の暗号能力が秀でていたのは、ポーランドと提携をしていたことが大きかったと思います。

手嶋 ポーランドは、第二次世界大戦の劈頭で、ナチス・ドイツとソ連のスターリンの密約で、真っ二つに切り裂かれてしまいます。ポーランドは無惨にも引き裂かれたのですが、ユダヤ系の情報士官はポーランド亡命政権に投じ、全ヨーロッパに特殊な情報網を築きあげていきます。その一団が当時リトアニアのカウナスに領事館を構えていた日本人外交官、杉原千畝のもとに参集していったのです。

佐藤 ポーランドは、当時から親日国でしたから。たとえば一九三三年に日本が国際連盟を脱退したのちも、連盟の情報を提供したりしていました。

手嶋　その後も、ポーランド陸軍の情報部人脈は、初期の段階では杉原千畝に、戦争の後半には中立国スウェーデンのストックホルムにいた小野寺信少将に、抱えられています。ポーランド系のインテリジェンス・チームの最後の大仕事は、ソ連が対日参戦を約束した「ヤルタ密約」を小野寺武官に提供したことでしょう。

佐藤　その前の段階では、ブラック・チェンバー問題もありました。ブラック・チェンバーは、かつて存在したアメリカの暗号解読機関です。ここが、一九二二年に第一次世界大戦後の軍縮について話し合ったワシントン会議に関わる電文の内容を全部傍受して、解読していたのです。その責任者だったハーバート・オズボーン・ヤードリーという人が「人間はこういうことをするべきではない」として『ブラック・チェンバ　米国はいかにして外交秘電を盗んだか？』という暴露本を書き、これが戦前大阪毎日新聞社から出版されて大ベストセラーになりました。

事実を知って仰天したのは、政府と軍部です。防諜体制の強化に取り組む必要があるとして、関係も良好だったポーランドに協力を求めたのですちなみに『岩波講座世界歴史』の現代編では、当時のポーランドの政権を、ナチスより早い、イタリアに次ぐ世界二番目のファッショ国家であると論じています。そんなファッショ国家であるポーランドが、日本と同じようにソ連を主敵とみなしていた。ここに目を付けた日本が、ポーランドから暗号協力をとりつけ、その途端に日本の「暗号力」はがぜん高くなったのです。

手嶋 日本とポーランドの諜報協力の絆はほんとうに強いと改めて思います。

佐藤 長田順行という人は、海軍兵学校予科時代に終戦を迎え、戦後は防衛庁の暗号専門機関で暗号理論の研究や解読に従事しました。六五年から海上自衛隊の暗号専門部隊に転じています。「暗号研究者」の肩書を持ち、『科学朝日』の連載をまとめた『ながた暗号塾入門』（朝日新聞社、一九八八年十一月）という本を出していますが、そのなかでポーランドとの暗号協力の歴史が詳しく書かれています。

手嶋 暗号の分野は、カウンター・インテリジェンスの要の一つですが、これも敗戦によって途切れることなく、戦後に受け継がれていることが分かります。

佐藤 実際には、インテリジェンスの分野にいた人材が、公安調査庁にたくさん流れ込んでいます。戦前の日本では、陸軍中野学校のようなシステマティックなインテリジェンス教育機関は非常に少なかったですから、属人的な特務機関だった中野学校の系譜は、戦後の公安調査庁の在り方にも影響を与えています。

戦後も「有末機関」や「服部機関」があり、そこまで有名ではないものの、陸軍中佐だった大橋武夫が主宰する事務所もありました。帝国ホテルに拠点を持ち、「兵法経営塾」を開いていました。本人は謀略の専門家で、それを労務管理に活かすというコンセプトでした。平たく言えば、企業経営者に対して、旧軍のインテリジェンスの手法を使った組合の潰し方なんかを教えていた。『統帥綱領』とか『作戦要務令』とか『兵法孫子』とか、その類いの本もたくさん書きました。明石元二郎とゾルゲに学ぶという内容の『謀略』という本もあり、組合潰し以外にも「使える」いい本がありますよ。(笑)

特務機関的な「組織」というのは、すぐれて属人的な人間関係で構成されているんですよ。だから外からはよく見えない。それが特徴なんです。

手嶋　整った官僚組織なら、ガチっとした組織図がありますが、融通無碍に張り巡らされた人間関係をすべて可視化させることなど、確かにできませんからね。

佐藤　いまの安倍官邸だってそうでしょう。北村滋さんの国家安全保障チームには、属人的な「北村機関」が埋め込まれている。今井尚哉首相補佐官も一種の「今井機関」を持っています。同じように、首相補佐官の和泉洋人さんには「和泉機関」があって、これは一部可視化されていますが、有力なメンバーに厚労省大臣官房審議官の大坪寛子さんがいるわけです。他にも内閣官房参与である飯島勲さんの「飯島機関」。これは戦前にあっても不思議がない凄みを感じます（笑）。全貌がよく見えないからこそ機能する、日本の一種の文化であり、〝地下水脈〟なんです。

さきほど、特審局の一七〇名という人数は、当時としては決して小さくないと言いましたが、独自のネットワークを持っている人間が集まれば、根っこは一七〇人でもかなりの陣容になるはずです。

手嶋　戦いに敗れた日本にあっても、質量ともにかなりのレベルにある治安・情報組織が、それなりの人材を擁して再構築されていたのですね。マッカーサー司令部も一目置かざるを得なかったことが分かります。

第6章

日本に必要な「諜報機関」とは

情報収集していた人が、政治を動かす側に転身する時代

佐藤　公安調査庁とはいかなるインテリジェンス機関か——。その検証に当たって、公安調査庁には強制捜査権も逮捕権もないと幾度か指摘してきました。でも、考えてみれば「ＭＩ６」も、「ＣＩＡ」も、「モサド」も逮捕権は与えられていないんですよ。

手嶋　インテリジェンス機関とは、極秘情報を握っており、それ自体が極めて有力な、恐ろしい存在です。かつての佐藤ラスプーチンの存在が身をもって示した通りです（笑）。もし情報機関に逮捕権を持たせてしまえば、収集能力が劣化する恐れがある、だから本来、逮捕権など与えるべきじゃないとも指摘してきました。

佐藤　それはまったく真理なのですが、しかし、こうした従来の原則に変化の波が押し寄せています。二〇一八年三月に、アメリカで前ＣＩＡ長官のマイク・ポンペオが国務長官に抜擢されたのが象徴的です。

手嶋　冷戦の時代、アメリカには有名なダレス兄弟がいました。兄のジョン・フォスター・ダレスは国務長官、実弟のアレン・ウェルシュ・ダレスはCIA長官。言うまでもなく、ふたりは別人格です。情報を収集して政治指導者にあげる側にいたCIAのトップが、自ら外交のプレーヤーになってしまう。それは異例の出来事です。

佐藤　そうですね。「新しい国務長官は、その昔、CIAに在籍した人だった」というのではない。CIA長官からいきなり外交の責任者に変身したわけですから。

手嶋　さらにいえば、ポンペオはCIA長官時代から、情報収集・分析というインテリジェンス機関の則《のり》を超えて、トランプ外交の交渉役として北の独裁者と関わっていました。トランプ大統領は、ポンペオ氏の手腕に感心したのか、国務長官の座に就けたのでした。

佐藤　同じような潮流は、最近のロシアでも見受けられます。ロシア連邦安全保障会議書記のニコライ・パトルシェフという人物は、もともとロシア国内の防諜や犯罪対策を担うロシア連邦保安庁（FSB）の責任者でした。対外的なインテリジェンス活動を行うロシア連邦対外情報庁（SVR）のセルゲイ・ナルイシキン長官も、実際には外交交渉に深く関わっています。「インテリジェンス機関」と「政策執行機関」の距離がぐんと近づいてきているわけですね。

手嶋 じつは日本もその潮流の例外ではありません。二〇一九年九月の内閣改造で、北村滋内閣情報官が、国家安全保障局長に抜擢されました。北村氏は警察庁警備局外事情報部長も務めたインテリジェンス世界のプレーヤーです。ですから、アメリカ、ロシア、日本で、揃って、インテリジェンスのプレーヤーが、外交・安全保障分野に進出してきているわけです。日本の安倍官邸にあっても、北村氏は、出身母体の内閣情報調査室を傘下に収めたまま、いまも官邸の「インテリジェンス・マスター」として重責を担っているわけです。分かりやすく言えば、純粋な「情報の生産者」から、「情報の消費者」にすらりと身をかわした。しかも、古巣にも絶大な影響力を残している。米ロのケースとそっくりです。

佐藤 日本は気がついてみたら、世界的な潮流の先頭を走っているのかもしれない。そのくらいインパクトのある人事でした。そういう「半分裏で半分表の存在」である北村氏に、二〇二〇年一月にはアメリカのトランプ大統領が会い、その直後にロシアのプーチン大統領も会った。極めて異例な出来事です。安倍首相の懐刀としての力量を先方が買ったからこそ、米ロのトップが相次いで会談に応じたのでしょう。そこには、米ロの情報機関の強い後押しもあったと思います。もしもこの先、習近平にも会えたら「三冠王」です。（笑）

佐藤　以前には、ちょっと考えられない事態が起きているわけですね。

手嶋　そう思います。プーチン大統領がその典型なのですが、インテリジェンスの人間も、政策立案に深く関与しているはずだ、と考えている証左ですね。そして、現実にインテリジェンスをめぐる「ゲームのルール」も様変わりしつつあるんです。

佐藤　そうしたなかで、日本の「インテリジェンス・コミュニティー」の重要な構成メンバーの一つである公安調査庁が、こうした新しい潮流と無縁でいられるはずはありません。公安調査庁はいま、実質的な機能変化を起こしていると見ていい。すでに見たようにコロナ禍がこの機能変化のペースをぐんと速めたと言えます。

手嶋　まさしく、世界の情報コミュニティーにあっては、重大なパラダイム・シフトが起きつつあるのです。

佐藤　日本のメディアは、きちんと伝えていないのですが、じつは日本の官邸のインテリジェンス機能にも重要な変化が起きています。国際テロに備える「国際テロ情報収集ユニット（CTU－J）」がありますが、これは警備・公安警察が実質的に取り仕切っています。世界各地に置かれている在外公館を拠点に使いながら、国際的なテロ情報を収集・分析しています。一昔前なら、外務省は自分たちの専管事項だと猛反発したはずです。

手嶋　外務省は心穏やかでないのかもしれませんが、テロ対策の分野は、軍事インテリジェンスと重なる部分もあり、直ちに行動を求められることもあります。

佐藤　そう、テロに関する情報を単に摑むだけでは十分じゃない。最終的にはテロ組織を制圧し、場合によってはテロリストを殺さなければいけない。だから、これは外務省のインテリジェンスでは対応できないのです。

情報機関を監視することが必要だ

手嶋　テロの世紀では、政治家が、インテリジェンスの現場にいる人間の力を借りようとするきらいがあります。これは、立場を変えれば、貴重なインテリジェンスを握っている人間が、そうした情報を武器にして政策の舵取りに影響を及ぼすようになったんですね。かつての佐藤ラスプーチンのような人材が集団として現れつつある。ちょっと恐ろしい気がします。（笑）

佐藤　私は、正直に言って、情報をテコに政策を左右しようなどとは考えませんでした。その意味で「ラスプーチン」じゃなかったんですよ（笑）。それはともかく、ご指摘の点は、大きな危険性を孕んでいますね。自らの野望の実現を第一義的に考える人間とか、極端に蓄財欲が強い人間だとか、そういう人物はいてもらっては困ります。しかし、インテリジェンスを直に握る政治のプレーヤーが、枢要な地位を占めたりすると、国の針路を大きく誤ってしまうことになりかねない。

手嶋　公安調査庁もテロの世紀を迎えてその存在意義は高まっていますが、この組織が強大な権力を握って、一般の国民の権利を侵害するようなことがあってはなりません。

佐藤　国民の権利を大切にする姿勢はとりわけ大切です。

手嶋　そのためには、選挙で選ばれた国会が、諜報活動をきちんと監視する仕組みを持っていなければなりません。

アメリカには強力な政府の情報機関が一七あります。それだけに、連邦議会の上下両院には、インテリジェンス・コミッティーと呼ばれる「情報特別委員会」があり、諜報機関の「お目付け役」をつとめています。CIAなどの情報機関が秘密活動を通じて、外国の政府要人の暗殺などをしていないか、監視しているわけです。この情報特別委員会は、かなりの力を持っています。上下両院議員の有力メンバーは、この委員会に、子飼いの補佐官を出向させ、諜報機関をがっしりと押さえ込む体制をつくっています。当時のビル・ブラッドリー上院議員は、情報特別委員会の民主党の有力メンバーでした。彼の有能な右腕、ジョン・デュプレ補佐官を送り込んでいました。ノモンハン事件の専門家としても知られる情報の優れたプロフェッショナルでした。ワシントン特派員の時代、彼のもとに幾度か取材に行ったことがありました。この委員会は上院の議員会館の一角にあるのですが、警備はじつに厳重、何重ものチェックを受けたものです。CIAをはじめ各情報機関がこの委員会に多くの極秘情報を提示していたのですから、警備の厳しさは当然のことでした。

佐藤　日本なら、国会議員に極秘情報を渡せば、たちまちメディアに漏れてしまいます。

手嶋　しかし、アメリカの情報特別委員会の議員から極秘情報が漏れたことなどありませんね。レーガン共和党政権の時代に、イラン・コントラ事件が起きて、国家安全保障会議や情報機関の在り方に厳しい批判が巻き起こりました。レーガン・ホワイトハウスにいたノース中佐が、イランへの武器売却代金の一部を中米ニカラグアの反政府ゲリラ・コントラの支援に利用しようとして露見したのです。これをきっかけに、アメリカ議会は、情報機関への監視を強めていきました。

イギリスでも、MI6に対しては、議会のグリップがかなり効いています。翻って、日本では、公安調査庁や内閣情報調査室の活動を議会がコントロールしているかといえば、ほとんどグリップは効いていないように思います。

佐藤　その通りですね。公安調査庁に限らず、外務省のインテリジェンスにも、警備・公安警察の活動にも、議会の十分な監視は及んでいないと思います。衆参の予算委員会とか、決算行政監視委員会で、予算と決算の両面から、その活動に睨みを利かせる建前にはなっています。しかし、肝心の情報活動については、監視機能は働いていないと言わざるをえない。

手嶋　佐藤さんのようなインテリジェンスのプロフェッショナルが、議会から睨みを利かせていれば別でしょうが、国民が選挙で選んだはずの国会のチェック機能は十分とはいえません。国民の目がなかなか届かないインテリジェンス機関にこそ、チェック・アンド・バランスの仕組みが大切なのですが。

佐藤　情報機関の側にとって、議会はたしかに煩わしい存在なのですが、長期的な視野にたてば、国民が味方になってくれるのですから、監視は受けた方がいいと思います。

「手帳」のない仕事は辛い

手嶋　公安調査庁は、国民に選ばれた国会、納税者、そしてメディアの監視を存分に受けてしかるべきです。そのうえで独自のインテリジェンス機能をさらに強化し、苛烈な環境のなかで国家が生き延びるために働いてもらわなくてはなりません。そのための課題の一つ、それが調査官の「身分」をどうしていくかでしょう。公安調査庁に対する認知度が低い理由は、じつに「身分問題」にあるのです。総勢一六六〇人に及ぶ調査官は、自らの名前と所属を名乗って調査活動をしているかといえば、大半のケースは「否」なのです。平たく言うと、公安調査官は、調査対象者に名刺を切って話を聞いていない。その特殊な任務の性格からして、身分偽装をして対象にアプローチします。彼らは寄る辺なき立場で、調査現場に赴いているのです。

佐藤　この点に関して言えば、防衛省の情報部門や警備・公安警察にも共通しています。情報を収集するに当たって、自らの身分を隠したり、偽ったりして、対象にアプローチするケースが多いのです。ペンネームで仕事をしている作家が罰せられないのと一緒で、国家公務員が架空の人間の名刺で仕事をしても、そのこと自体が直ちに法に触れるわけではない。しかしながら、「身分証明書を見せてください」と言われたら、偽装はたちまちバレてしまいます。もちろん、身分証明書もどきをコンピューターで作成することなど技術的には容易です。ですが、それをやれば、今度は公文書偽造の罪に問われることになります。

手嶋　違う人になりきって収入を得ると、所得税違反で挙げられる可能性もありますね。ですから、「身分偽装」は危険がいっぱいなのです。

佐藤　ですから、日本が真剣に国家を守るための諜報機関をつくる決意を固めるなら、公安調査官に本名と違う身分証やパスポートを発行できるよう法的な体制を整える必要があります。そうしない限り、国際基準で第一級の情報活動などできません。

手嶋　警察庁長官として「警備公安畑のドン」と言われ、内閣官房副長官、官房長官、副総理まで歴任した後藤田正晴さんは「手帳のない仕事は辛いぞ」という金言を残しています。警備・公安警察は最後には「警察手帳」を出せばいいのですが、公安調査官の場合「調査官手帳」はあるのですが、それは後藤田さんの言う〝手帳〟では必ずしもありません。その厳しさ、苛烈さを後藤田さんは言い当てたのです。調査現場に赴かせるに際しての環境整備をどうするのか、公安調査庁はいま、重大な岐路に立たされていると思います。

佐藤　現場の調査官の業務遂行の環境をしっかり整えないと逆に「必要は法律を知らない」と開き直って、文書偽造を繰り返しながら仕事をするような方向に走ってしまうかもしれません。

手嶋　難しい調査対象にアプローチするには、身分を偽装することは避けられない場合は確かにあります。しかし、身分偽装という手法をどう位置づけるべきか。この問題に、そろそろ決着をつけるべき時期なのかもしれません。

佐藤　国際的にみれば、インテリジェンス・オフィサーの身分偽装は、グローバル・スタンダードです。

手嶋　たしかに、ＣＩＡの要員でありながら、東京に商社マンとして赴任をしている人はいるわけです。ロシアのインテリジェンスもそうでしょう。

佐藤　身分の偽装が法的に認められています。別人のパスポートをつくって、どこかの国に潜り込むことは可能です。率直に言えば、国際的には、国家のインテリジェンス機関は、情報要員を偽装させて海外に送り出している。

手嶋　国家の安全と安寧を保つためには、身分偽装はどんなケースには許されるのか。それを堂々と議論するべきでしょう。

メディア戦略を強化せよ

手嶋 今回、佐藤さんと「公安調査庁」という組織を取り上げようと思ったのは、あくまでその実像に即して、これからのインテリジェンス機関の姿を冷静に議論したいと考えたからにほかなりません。そうしなければ、いつまでも「知られざる組織」のまま、不正確な批判や賞賛を繰り返すことになってしまいます。

公安調査庁は組織立った広報活動を行ってきませんでした。黒衣に徹する奥ゆかしさや情報収集に支障をきたしかねないという理由は分かります。しかしながら、存在意義が国民に伝わらないかぎり、公安調査庁への理解と支持を得るのは難しいと感じます。

佐藤 それは間違いありません。情報機関というのは、仕事がうまくいっている時は、外側からは全容が見えにくいものなのです。何も仕事をしていない時も同様に見えない(笑)。その姿が露見するのは、たいてい失敗した時です。「仕事がうまくいっていて姿が見えない」。そこに安住していると、国民の理解と評価は得られません。自分たちの情報活動をある程度知らせる必要が出てきています。
　それをあざといくらいやっているのが、手嶋さんが「老情報大国」と表現するイギリスです。質の高いテレビドラマに仕立てたり、魅力的なエンターテインメントの映画にしたりと、それは手が込んでいます。これらのスパイ作品を通じて、インテリジェンスのエッセンスを人々に伝え、情報機関の存在意義をそれとなくアピールしている。
手嶋　そうした手練れの手法は、もう溜め息が出るくらい老獪で巧みですね。表向きは、情報機関はまったく協力していない、ＢＢＣが勝手につくっているフィクションだと素知らぬ顔をしています。しかし、実際は非公式にネタを提供し、陰で内容をちゃんとチェックしている。『ＭＩ－５　英国機密諜報部』は、一シーズン完結型の連続ドラマで、公共放送ＢＢＣの制作です。実際にあった事件を下敷きにして相当にリアルです。『スプークス　ＭＩ－５』は映画になって人気を博しました。
佐藤　前述のドラマは、二〇〇二年から一一年まで、なんと一〇年間にわたって放送されました。九・一一テロが起きた翌年からドラマはスタートしたのですから、その狙いは明らかでしょう。国家の主要な敵が、冷戦期のクレムリンから、姿がみえない国際テロ組織に移り、情報機関もそれに応じて姿を変えつつある時期に、テレビドラマを通してじつに巧みに世論に働きかけたのです。イギリス国民をそれとなく教育している。テーマはじつに多彩で、新型コロナでクローズアップされた「バイオテロ」なども描かれています。カメラによる市民生活の監視など多くの問題がありますが、にもかかわらず情報機関はやはり必要だという空気をイギリス社会に醸成する役割を果たしています。

手嶋　おっしゃる通りなのですが、そういう隠れた目的を達成するため、脚本もいい、役者はうまい、カメラワークも巧み。これではつい見てしまいます。しかも、情報機関として、晒《さら》せるギリギリまで事実をそれとなく流しているのですから、見ごたえがある。こんなことは情報機関の協力なしにはできない。(笑)

佐藤　ＭＩ５と同時に、ＭＩ６を扱ったシーンもありますね。

手嶋　日本でもＤＶＤをレンタルすることができるので、少しだけ解説をしておけば、ＭＩ５(保安局)は英国内にスパイやテロリストが浸透してくるのを防ぐカウンター・インテリジェンス機関、これに対して、ＭＩ６(秘密情報部)は、海外に情報要員を配して諜報活動を担うインテリジェンス組織です。要するに、これらのインテリジェンス機関を競うように描いて、当局もそれとなくネタを提供している。これでは、BBCの制作陣も情報機関を役立たずの税金泥棒として描くわけがありませんよ（笑）。情報機関のインテリジェンス・オフィサーとBBCの制作陣。じつは彼らのなかには、オックスフォード大学のリンカーン・カレッジで有名なスパイ・マスターの教授のもとで学んだ同級生もいたりして、いわば同じ穴のムジナなのです。

さんざんネタをもらってはいるものの、番組のエンドロールに「協力　MI6」などと流したりはしません（笑）。BBCとしては「われわれの狙いは、MI6の活動を監視することにある」と報道機関の建前は譲りません。一方の情報機関の側も「我々には厳格な守秘義務があり、メディアへの情報提供などとんでもない」とこちらも建前で応じる。まあ、煮ても焼いても食えない人たちです。（笑）

佐藤　番組の映像を見ていて、面白いと思ったのは、遠景は確かにMI5のビルなのですが、カメラが近くに寄ると、なんとイギリスのフリーメイソン本部。じつにエスプリは効いている。セキュリティーの関係から、MI5のビルは、正面は写せないことになっています。

手嶋　情報機関の幹部のなかには、古くからフリーメイソンの幹部という人もいますから、両者の結びつきを窺わせてじつに興味深い。

佐藤　国際政局の実態を描くという点では、イラン、イスラエル、中国は、すべて実名で登場します。これが偽名ではリアリティーがありませんから。

手嶋　イランや中国だって、ＢＢＣのテレビドラマに抗議するほど野暮ではありません。納税者の理解を得るためにここまでやっているのをみて、民主主義国家とは大変なんだなあと同情しているはずです。（笑）

視聴者と制作側そして情報当局。イギリスでは、この三者がそれぞれに成熟している。まあ、かなりの大人なんです。イギリスを代表するスパイ作家、ジョン・ル・カレの名作『ティンカー、テイラー、ソルジャー、スパイ』。ＢＢＣの制作陣は、これも名編のドラマに仕立てています。それにしても、分厚い原作を読んで、かなり予備知識がある視聴者でも、ドラマの筋を追いかけるのはかなり難しい。それほどに、伏線が幾重にも張り巡らされ、イギリスＭＩ６に潜む「モグラ」、クレムリンに通じた二重スパイを炙り出すまでの筋書きは難解を極めます。難易度で言えば「Ａ＋」。

にもかかわらず、イギリスでは、ドラマの放映がある日は、パブもガラガラだったと言われます。

佐藤　日本でもラジオドラマ『君の名は』が流れる時間帯は、風呂屋の女湯は、がら空きになった。あれですね。

手嶋　しかも、あの難解な筋立てです。ことインテリジェンスに関しては、イギリスの民度がいかに高いかが窺えます。やっぱり、老情報大国です。

佐藤　原作者のジョン・ル・カレは、イギリスのMI6で「自分がモデルにされた」と怒って、メディアに投稿した人もいたと聞きます。

手嶋　たしかに、過去にはそんな出来事もあったのですが、MI6もMI5も、ル・カレの作品が、納税者の情報機関への理解を高めるうえで大いに役立っていることを分かっているんですよ。佐藤さんはご覧になったかどうか、BBCアメリカが制作したドラマ・シリーズ『キリング・イヴ』が抜群に面白い。韓国系カナダ人の女優、サンドラ・オーがMI6の下請けの捜査官に扮する、一種のサイコパス・ドラマです。

佐藤　私はまだ見ていませんが、ぜひ見てみます。

手嶋　ロシアのその筋の人たちも大勢出てきますので、佐藤さん向けです。イギリス以外では、たとえばイスラエルなどでも、こうした手法で納税者へのアピールをしている国はありますか。

佐藤　ええ、たくさんテレビドラマをつくっていますよ。イスラエルは、情報分野にかなりの税金をつぎ込んでいますから、モサド自身が公式のウェブサイトで、さまざまな情報提供をしています。そうした情報が、テレビドラマに生かされて放映されています。元幹部らによるモサドの歴史に関する論集の日本語版が並木書房から出ています（アモス・ギルボア、エフライム・ラピッド編著『イスラエル情報戦史』二〇一五年六月）。

手嶋　英国放送協会と日本放送協会をことインテリジェンスの世界で比較するのは、老情報大国に礼を失することになるのですが、それを承知でいえば、どうして日本放送協会はインテリジェンスの世界を堂々と描かないのだろうと思います。制作陣が「これは踏み込んではいけないタブー」と思い込んでいることがおかしい。僕が保証しますが、関係者から感謝されることはあっても、抗議などされませんよ。

佐藤　私もそう思います。嘘だと思うならつくってみたらいい（笑）。ほとんどのミステリー作家は情報源が警察ばかりで、公安調査庁をネタ元に書いている作家はいませんね。もっとも、マーケットのことを考えれば、三〇万人所帯の警察と比べれば、公安調査庁はたった一六六〇人ですから（笑）。ちょっと所帯が小さすぎますね。でも、面白いネタは溢《あふ》れていますよ。

手嶋　ノンフィクションですら、この本は公安調査庁を客観的に扱った最初の作品なんですから。

ビジネスに生かすインテリジェンスの発想と行動

佐藤　さて、「ビジネスパーソンにとって役にたつインテリジェンスの技」について、最後に論じておきましょう。

手嶋　どんなビジネスパーソンだって、ヒューミント（Human Intelligence）、つまり、ひとと向き合って貴重な情報を引き出すことは、ふつうにやっているはずです。

佐藤　社内でも、取引先でも、心を通わせ、信頼しあう友達がいなければ、仕事にならないはずです。たまたま、公安調査庁の場合は、日本という国家に害を及ぼすテロリストや外国のスパイなどの行動を事前に察知する、民間の会社なら利益を生み出す、という違いがあるだけです。

手嶋　しかも、逮捕権や強制捜査権はありませんから、強引に話を進めても、成功はおぼつかない。ここは地道に、確かな人間関係を紡いでいく他ない。そうは言っても、人を惹きつける人間力はすぐに鍛えられるものではありません。情報力を高める佐藤流の秘策はありませんか。

佐藤　ずばり、小説こそ「インテリジェンスの最良の学校」です。ただ、意識して読まなければ、力はつきません。

手嶋　そういえば、佐藤さんと月刊『中央公論』二〇〇七年十二月号で「インテリジェンスを読み解く30冊　スパイが生きた影の世界史」という対談をしました。要は、スパイ・情報小説を読む」というテーマでしたが、夏目漱石の『こころ』こそ「インテリジェンス小説」として読むべしと言っていましたね。

佐藤　主人公の「先生」は、親友で下宿の同居人であるKが、自分が心を寄せるのと同じ女性に恋心を抱いているのを知り、彼に向かって「精神的に向上心のないものは馬鹿だ」と言い放ちます。これは、かつてKが自分に対して浴びせた言葉でした。その言葉を使ったら、相手にどう届くか、どれだけダメージを与えるのか、というのを十分読んで発言していたのです。

手嶋　結局、「先生」はその女性と結婚し、裏切りを知ったKは自殺してしまう。

佐藤　そう、一種の心理戦です。村上春樹著『騎士団長殺し』のなかで、免色渉《めんしきわたる》という人間が登場します。主人公に「ご心配には及びません。あなたのプライバシーを侵害するようなことはしていません。というか、実際にあなたのお宅にこの双眼鏡を向けたことはほとんどありません。信用してください。私の見たいものは他にあるからです」と語りかけます。ここで興味深いのは、免色が「あなたのお宅にこの双眼鏡を向けたことは一度もありません」と述べていないことです。インテリジェンス・オフィサーが簡単に露見するような嘘をつかないように、免色も露骨な嘘は言いません。「ほとんどありません」と免色は述べていますが、それは何回かは双眼鏡で免色がプライバシーを覗いたということです。見たいものは他にあると告げることによって、免色は、主人公のプライバシーを侵害しているという事実を脇に追いやっています。

ですから、小説をインテリジェンスの「テキスト」として読むわけです。普段読み飛ばしている登場人物のセリフを「どういう意図を込めているのか」と考えながら読むわけです。

手嶋　読み方を少し工夫するだけで、インテリジェンス感覚がぐんと磨かれるわけですね。

ビジネスの成功にとっては、新聞やネットに出ている公開情報に依拠した「オシント」（Open-Source Intelligence）も重要です。

佐藤　そう、まずは基本に忠実に公開情報をじっくりと読み込む。ビジネスパーソンのなかには、往々にして、この「オシント」を軽視している人が見受けられます。そんな人に限って、「なにか面白い裏話はありませんか」と聞いてくる。

手嶋　耳寄りな「裏話」の大半は、結局、フェイクニュースです。

佐藤　昔と違って、いまはウェブ情報がふんだんに活用できます。「ウェビント」（Web Intelligence）を通じて、個々の「オシント」能力を飛躍的に向上させることができる。

ただし、真贋を見分ける眼力を鍛えておくことが必要です。

手嶋　そう「ウィキペディア」を検索しても、「ウェビント」とは言えません。友人のアメリカの大学の教授は、受講生が「検索サイト」を使ってレポートを書くことを禁じていました。

佐藤　一つの見識ですね。自分自身、そして会社にとって、真に有益な情報は何か、それを選り分ける力がいま求められています。人と会って「秘密情報」を摑んだと思っても、あまり先走ると落とし穴に嵌《はま》ってしまう危険がある。公開情報で裏を取り、できるだけ「状況証拠」を固めておく作業を面倒臭がらずにやることが大事です。

手嶋　われわれジャーナリストにも、これぞスクープと思っても、よく調べてみたら、半年前に新聞に出ていたという経験が誰でもあるはずです。

佐藤さんのように、誰でもクレムリンの奥深くに食い込んで超一級の情報を摑めるわけではありません。地道に「オシント」を押さえて、真相に迫っていくのも、立派なインテリジェンス活動です。公安調査庁も、オシントの重要性を再認識し、若手調査官の研修のあり方を見直し、「オシント」の重要性を教えていると聞きます。

佐藤　もう一つ、いま自分のやっている仕事のなかに、すでにインテリジェンス、選りすぐった貴重な情報に該当する部分が必ずあると心すべきです。それをふだんから自覚して伸ばしていく。その視点がとても大切です。

手嶋　なるほど、自覚していないが、大なり小なりインテリジェンスの能力を駆使して仕事をしている、確かにそうですね。

佐藤　いま、自分がやっている仕事のうち、ここが「オシント」、ここからは「ウェビント」、この先は、どうしてもキーパーソンに会って確かめる。ここはまさしく「ヒューミント」です。そう仕分けてみると、ビジネスパーソンのインテリジェンス能力はぐんと向上します。それぞれの強み、弱点もはっきり見えてくる。

そして、自分の仕事を客観的に、冷静に評価するという意味でもとても重要なのです。プロのインテリジェンス・オフィサーも、ともすれば自分の情報源や、取ってきた情報にのめり込み、情報源が「かわいく」なって、失敗することがあります。

手嶋　仲良くなった取引先には、ついつい甘くなる。まさしく、ビジネスの世界でも同じですね。そうならないため、情報源にきちんと「値札」を付ける。

佐藤　冷徹なもう一人の自分を持っておくことが大切です。自らのやっていることを突き放して見つめる目。これを養っておくことが、ビジネスパーソンには欠かせません。そのためには、インテリジェンスの発想が役に立つはずです。

手嶋　会社で最終的には社長に届くかもしれない情報を文章にまとめる仕事を任されたとしましょう。このとき、社長の意向を忖度して喜びそうな中身に仕上げてしまえば、せっかくの「インテリジェンス・レポート」も死んでしまいます。

佐藤　誤解を恐れずに言えば、カネボウもＪＡＬも東芝も日産も、それで失敗したわけです。企業のなかで適切なインテリジェンスの訓練がなされていなかった。じつに怖いことです。

手嶋　日本を代表する企業のトップが、自社のＣＭに登場してはしゃいでいるような「公開情報」を見せられたりすると、社内はどうなっているのかと心底心配になります。

佐藤　自分の会社が新型コロナウイルスで危機的状況に置かれているのに、ＣＭに出てはしゃいでいる。社内にだれも止める人がいない。それが恐ろしい（笑）。しばらくすると数字で結果が出てきます。そのときになって気づくのでは遅いのです。「ビジネスパーソンとインテリジェンス」に関して一つだけ付け加えておきましょう。国際情勢やインテリジェンスの世界を的確に摑んでおきたい。そう考えているビジネスパーソンには、公安調査庁の公開情報です。『内外情勢の回顧と展望』の最新版に目を通しておけば、世界の趨勢を概観することができます。

独自の情報を持つ意味

手嶋　ここまで、佐藤さんと共に「公安調査庁」の組織のありよう、戦後の歴史、実際に手がけた大きな事件などを辿りながら、その存在意義を語り合ってきました。読んでいただいた方々は、自分たちの知らないところで、重要な仕事をしていることを理解いただけたと思います。

佐藤　「内外に情報のアンテナを張り巡らしたインテリジェンス機関なくして、国家は生き残れない」。アメリカでもロシアでもイギリスでもイスラエルでも、そういう社会的なコンセンサスが幅広くできています。ひとり日本だけが「情報機関などなくても生き抜ける」と思っている節がある。いまだにそんなレベルです。国際的な安全保障や国内の治安維持の観点からすれば、やはり大きな空洞がぽっかりと口をあけています。

手嶋　公安調査庁をはじめとする日本のインテリジェンス機関が、なぜ、そうした国民の現状を知りながら、何らの説明責任も果たしてこなかったのか。戦後の占領期以降、インテリジェンス機能を戦勝国にして占領国、アメリカに安易に頼ってきたツケがいま回ってきています。日本が独立を回復した後も、アメリカ軍の駐留を認め、日米同盟のいわばジュニアパートナーに甘んじて、経済大国への道をひた走った。その結果、安全保障と情報活動の分野では、主権国家として十分な機能を果たさずに今日を迎えてしまったのです。そのツケが情報の分野に回ってきたのです。

佐藤　そう、軍事分野だけではなく、情報分野でも、強大なアメリカに寄り添って、身過ぎ世過ぎをしてきたことは否定できません。アメリカは、アメリカの国益のために、情報の収集・分析をしているのであり、ニッポンのためにやっているわけではありません。

手嶋　「情報に同盟なし」という言葉があります。国際政局が、複雑になればなるほど、同盟国同士であっても、利害がぶつかるケースが出てきます。

佐藤　分かりやすい教訓を一つ挙げれば十分でしょう。二〇一九年に日韓両国は、軍事情報包括保護協定（GSOMIA）をめぐって対立しました。この時、アメリカのトランプ政権は、韓国側の対応に強い不快感を示した。しかしながら、日韓の両同盟国のどちらにより重きを置くのか。アメリカのスタンスが将来にわたって「日本寄り」である保証などどこにもありません。時の政権の利害によっては、韓国のほうにぐっと振れる可能性もあるわけです。

手嶋　情報活動に一般の人々の理解が希薄でも、過去、半世紀は、僥倖に恵まれて何とか凌《しの》いでこられた。だからと言って、これから半世紀も大丈夫という保証などどこにもありません。

戦後の日本社会は、人種構成も比較的シンプルでしたので、イスラム系の人たちが移住してきても、個人の特定は容易でした。ところが、最近では、東京都内のコンビニで日本人の店員さんを見つけるほうが難しい。中国系、韓国系、ベトナム系、モンゴル系、ネパール系など、じつに多種多様です。イスラム系の人は、テロリスト予備軍だなどと言っているのではありません。しかし、ホームグロウン・テロリストを育む芽がないと言い切れません。

佐藤　必ずしも、外国人でなくても、サリン事件は実際に起きたわけですし、シリアに渡ろうとした北大生のような思い詰めたタイプの人たちも増えています。テロへの備えは緩めるわけにはいきません。

手嶋　日本のインテリジェンス活動も時代の変化に合わせて、機能強化を図っていかなければいけません。公安調査庁は、「ヒューミント」の強みを生かして、その中核を担っていくべきです。インテリジェンス・コミュニティーの他のメンバーにはできない、「心の内を覗く」高度なスキルを蓄積してきたのですから。

佐藤　公安調査庁は、オウム真理教という、国際的にみても危険かつ特殊な団体と長年対峙してきた経験を活かして、新たに現れる脅威に立ち向かってほしい。

手嶋　そのためには、公安調査庁も自らの活動へ国民の理解を深めてもらい、新たな一歩を踏み出してほしいと願っています。

あとがき

インテリジェンスの世界で、秘密裏の情報収集活動は、露見したら失敗だ。インテリジェンス・オフィサーも、名前が世間に知られたら秘密工作ができなくなる。そこからこんな現象が起きる。仕事がうまくいっているときはインテリジェンス機関の姿がまったく見えない。もちろん仕事をまったくしていなくても、その姿は（当然のことだが）まったく見えない。表面上、秘密工作が首尾よく進んでいるときとまったく何もしていないときが同じに見えるというのがインテリジェンス活動の特徴だ。政治家やジャーナリスト、インテリジェンス業務をよく知らない一部の官僚が「何をやっているかよく分からず、目立った成果もあげていない公安調査庁は警察に統合してしまえばいいじゃないか」というようなことを言うが、これは大きな間違いだ。

本書を読んでいただければ、公安調査庁が国際的にも認知された第一級のインテリジェンス機関であることを理解していただけると思う。公安調査庁で強いのはヒューミント（人によるインテリジェンス）とオシント（公開情報諜報）だ。

ヒューミントに関しては、こんな思い出がある。一九九〇年代前半に私がモスクワの日本大使館で勤務していたとき派遣員（外務省の外郭団体である国際交流サービスから二～三年の任期で派遣されてくる外交官の補助業務に従事する職員）で、ロシア語に堪能で人柄も円満、しかも目立つことが嫌いだという優秀な若者がいた。外務省には外交官試験を受けなくても、中途で特別に採用する制度がある。私は大使館幹部にこの青年は情報担当官の資質があるから、是非採用して欲しいと相談した。大使館幹部から前向きの感触を得たので、本人に打診したが、「じつは、公安調査庁から内定をもらっています。帰国後、直ちに就職することになります」と言われた。当時、モスクワの日本大使館に公安調査庁からの出向者はいなかった。どこでこの青年に公安調査庁が目を付けたのかは、未だ謎だ。その後も公安調査官として活躍しているという話を風の便りに聞いている。

一九九五年四月から二〇〇二年二月まで私は外務省国際情報局（現在の国際情報統括官組織）の分析第一課に勤務していた。隣の分析第二課に公安調査庁から出向して中国情勢分析を担当している事務官がいた。週一回、分析第一課と第二課で合同会議を行っていたが、この事務官は公開情報を駆使して優れた分析していた。また、私に公安調査週報を届けてくれたが、そこには足で稼いだロシア、中国、北朝鮮の外交官やジャーナリストを偽装した諜報機関員の動静が詳しく記されていて、執務の参考になった。現在、この事務官は某地方の公安調査局のトップになって活躍している。

新型コロナウイルスで世界が混乱している状況でも、日本を標的とする外国、また特殊な思想を持って社会の転覆を図るような組織の動きは止まっていない。それを阻止するために、公安調査庁が果たす役割が今後一層重要になる。

本書を上梓するにあたっては中公新書ラクレの中西恵子編集長、フリーランス編集者の南山武志氏にたいへんにお世話になりました。どうもありがとうございます。

二〇二〇年五月十日、曙橋（東京都新宿区）の書庫にて

佐藤　優

構成／南山武志
本文ＤＴＰ／市川真樹子

中公新書ラクレ
692

公《こう》安《あん》調《ちょう》査《さ》庁《ちょう》

情《じょう》報《ほう》コミュニティーの新《あら》たな地《ち》殻《かく》変《へん》動《どう》

2020年7月10日初版
2020年7月30日再版

著者……手《て》嶋《しま》龍《りゅう》一《いち》　佐《さ》藤《とう》優《まさる》

発行者……松田陽三
発行所……中央公論新社
〒100-8152 東京都千代田区大手町 1-7-1
電話……販売 03-5299-1730　編集 03-5299-1870
URL http://www.chuko.co.jp/

本文印刷……三晃印刷
カバー印刷……大熊整美堂
製本……小泉製本

Published by CHUOKORON-SHINSHA, INC.
Printed in Japan ISBN978-4-12-150692-4 C1236

中公新書ラクレ　好評既刊

L607 独裁の宴《うたげ》
―世界の歪みを読み解く

手嶋龍一＋佐藤　優　著

中露北のみならず、いつのまにか世界中に独裁者が〝増殖〟している。グローバリゼーションの進展で経済も政治も格段にスピードが速くなり、国家の意思決定はますます迅速さが求められるようになっているためか、手間もコストもかかる民主主義に対し市民が苛立ちを募らせている。これが独裁者を生み出す素地になると本書は指摘する。だからといって民主主義は捨てられない。こんな乱世を生き抜くための方策を、両氏が全力で模索する。

L639 米中衝突
―危機の日米同盟と朝鮮半島

手嶋龍一＋佐藤　優　著

米朝首脳会談を通じて「恋に落ちた」と金正恩を讃えるトランプ。北朝鮮の背後にあって「海洋強国」を目指す習近平の中国。朝鮮半島は中華圏に引き寄せられ、日本は米中衝突の最前線で烈風に曝されつつある。「米朝開戦か！」と騒がれていた2017年秋、早くも「米朝はいずれ結ぶ」と言い当てたインテリジェンスの巨匠2人が、「新アチソンライン」という新たな視座とともに提示する驚愕のシナリオとは。日本の危機を直視せよ！

L673 日韓激突
―「トランプ・ドミノ」が誘発する世界危機

手嶋龍一＋佐藤　優　著

GSOMIAをめぐり揺れに揺れた日韓。両国はついに全面衝突の様相に。「安倍政権が韓国を巧妙に追い詰め破棄させたのだ。この手法は、日本を開戦に踏み切らせたハル・ノートを思わせる。短期的には〝完勝〟」（佐藤優氏）だが、「長期の視点に立てば極めて危うい一手」（手嶋龍一氏）だ。北東アジアに生じた日米韓の安保体制の綻びを、中露北が衝こうとしている。果たしてニッポンに苛烈な国際政局を生き抜く秘策はあるか。